INHALT

EINLEITUNG

In „einfach vegetarisch" geht es um echtes Essen für echte Leute. Als wir das Buch planten, wollten mein Team und ich, dass es sich von anderen vegetarischen Kochbüchern unterscheidet. Deshalb fragten wir alle Vegetarier, die wir finden konnten, was sie sich von einem vegetarischen Kochbuch erhoffen – dieses Buch ist das Ergebnis.

Hilfe bei „Dinnerpartys" – also bei der Verpflegung von Gästen – stand auf der Wunschliste ganz oben. Deshalb beginnt das Buch mit Vorschlägen für Dinner- partys, einem Kapitel mit einfachen aber beeindruckenden Rezepten, die Vegetariern und Fleischessern gleichermaßen schmecken – selbst echte Fleischfans werden nichts vermissen, wenn Sie ihnen diese Gerichte servieren. Das Gäste- thema wird außerdem im Kapitel „Feste feiern" mit Ideen für Weihnachten und Thanksgiving sowie Feste im Frühling, Sommer und Herbst weiter ausgebaut, da dies ebenfalls ganz oben auf der Wunschliste stand.

Für den Sommer kommt außerdem immer wieder die Frage nach vegetarischen Rezepten zum Grillen auf. Diese finden sich nun im Kapitel „Im Freien", gemeinsam mit Ideen zum Brunch und für informelle Partybuffets – hoffentlich bei strahlendem Sonnenschein.

Einer der Gründe, warum ich Signierstunden und Kochdemonstrationen mag, ist die Gelegenheit, mit den Leuten zu sprechen. Durch sie erfuhr ich, dass fast jeder auch nach Rezepten für normale Wochentage sucht, an denen man müde ist und „keine Zeit zum Kochen" hat. Außerdem brauchen Viele Gerichte zum Abnehmen oder Schlankbleiben – so wie ich selbst! Also habe ich Rezepte zusammengestellt, mit denen Sie „Schlank fürs Leben" bleiben.

Da viele leckere vegetarische Gerichte ihre Wurzeln in anderen Kulturen haben, etwa in Indien, Thailand oder dem Nahen Osten, wo fleischloses Kochen seit Jahrhunderten praktiziert wird und an vielen Orten die normale Art der Ernährung ist, wollte ich auch einige dieser Gerichte einfließen lassen. Deshalb das Kapitel „Essen rund um die Welt".

Zu guter Letzt habe ich mich entschlossen, noch mehr Spaß zu haben. Vegeta- risches Kochen und Essen bestimmt mein ganzes Leben und ich konnte den Gedanken an die ewigen Hummus-, Chili-, Ratatouille- oder Lagsagne-Rezepte kaum noch ertragen. Sie haben jedoch viel für sich, sonst würden sie sich nicht so hartnäckig halten. Deshalb erfand ich ganz neue Versionen dieser Rezepte – und damit das Kapitel „Klassiker im neuen Gewand".

Wenn ich mir eines für dieses Buch wünsche, dann, dass es mehr Leute zum Kochen animiert. Die Rezepte sind einfach und machen Spaß. Ich hatte keinerlei Hemmungen, als ich mit neun Jahren in der Küche meiner Eltern meine ersten Versuche startete und versuchte, einem Rezept zu folgen. Ich verwechselte Gramm und Kilos auf der Waage und brauchte für meinen Kuchen die größte Schüssel im Schrank und das gesamte im Haus vorhandene Mehl. Zum Glück kam meine Mutter in die Küche, bevor ich noch weiter voranschreiten konnte. Sie korrigierte mich – und ich erinnere mich, dass ich mich dafür schämte –, aber sie entmutigte mich nicht und gab mir nicht das Gefühl, dumm zu sein. Meine Freude am Kochen wurde an diesem Tag geweckt.

Mit 12 kochte ich ganze Mahlzeiten, mit 16 täglich für bis zu 30 Personen – die Besucher des spirituellen Zentrums, das meine Familie betrieb.

Ich bin dankbar dafür, dass ich die Chance hatte, Erfahrungen in der Küche zu machen, bevor ich in das Alter kam, in dem man Angst hat, Fehler zu begehen. Kochen war ein Spiel für mich und ist es eigentlich heute noch, besonders wenn ich an einem Buch arbeite – und hinter verschlossenen Küchentüren Rezepte erfinde, ausprobiere und Farben, Aromen und Texturen mische. Ich bin dabei gerne ganz allein, mit einem Kaffee auf dem Tisch und dem Duft von Zwiebeln, Knoblauch und Gewürzen in der Luft. Ich glaube, Spaß und Leidenschaft gehören zu den Geheimnissen guter Küche. Das, und die Liebe zu gutem Essen. Die amerikanische Kolumnistin Harriet Van Horne hat es auf den Punkt gebracht: „Kochen ist wie die Liebe – man sollte sich hemmungslos hineinstürzen oder es ganz lassen."

Jeder kann Kochen lernen und zumindest kann man seine „Fehler" essen, deshalb verschwendet man kaum etwas! Schnelligkeit und Sicherheit kommen mit der Übung. Und Übung lohnt sich, denn wie alles andere macht Kochen mehr Spaß, je besser man es kann. Was das Abschmecken mit Gewürzen und die Frage, wann Zutaten wie Reis, Nudeln oder Gemüse „gar" sind, angeht: Kochen Sie so, wie es Ihnen schmeckt, und nicht für ein kritisches Mitglied der „Kochpolizei", die Ihnen auf der Schulter sitzt. Probieren Sie verschiedene Varianten und finden Sie heraus, was funktioniert und was nicht. Entdecken Sie, was Ihnen am besten schmeckt. Schmecken Sie während der Zubereitung mehrmals ab und passen Sie die Gewürze Ihrem Geschmack an. Sie sind derjenige, der das Ergebnis essen muss, nicht der Autor des Rezepts. Ich möchte nur, dass Sie Spaß bei der Zubereitung und dem Verzehr meiner Gerichte haben. Wenn Sie das Rezept dafür ändern müssen, ist das in Ordnung.

Wenn Sie Kinder haben, ermutigen Sie diese zu kochen – es ist so eine nützliche Fähigkeit. Eine meiner Töchter erzählte mir vor kurzem von einer Bekannten, die es schwierig findet, sich vegetarisch zu ernähren. „Sie kann kaum kochen, deshalb wirft sie sich fast nur Salate zusammen. Wenn es etwas nicht als Fertiggericht gibt, ist sie aufgeschmissen." Dies war ohne Kritik gesagt, als wäre es eine durchaus normale Situation. Mich macht es aber traurig, wenn ich daran denke, wie viel Freude, Kreativität und Geld verloren gehen, wenn man nicht kochen kann. Die Rezepte in diesem Buch sind als Lösung für alle geeignet, die denken, dass sie nicht kochen können. Sie sind einfach zuzubereiten, die Zutaten sind leicht erhältlich und ich hoffe, sie inspirieren den einen oder anderen, zu Hause zu kochen.

Ich benutze Bioprodukte, wann immer es möglich ist, da ich glaube, dass die Lebensmittel besser schmecken, wenn sie ohne Chemie und künstlichen Dünger hergestellt sind. Außerdem sind sie gesünder, besser für die Umwelt und – ich hoffe, niemand hält mich für verrückt, wenn ich das schreibe – ich finde, man fühlt mehr vom Leben und der Energie, die sie enthalten. Wenn Sie bis jetzt keine Bioprodukte kaufen, können Sie es sich für den Anfang zur Gewohnheit machen, bei jedem Einkauf mindestens ein Bioprodukt mitzunehmen. Ich glaube fest daran, dass selbst gekochte Gerichte aus guten, gesunden Zutaten einen großen Einfluss auf die körperliche und seelische Gesundheit haben. Eine Mahlzeit, die mit Liebe zubereitet und gemeinsam am Tisch unter Plaudern und Lachen verzehrt wird, gehört zu den gesündesten Dingen, die es gibt.

Meine Küche ist eher klein und ich bin eher unordentlich, deshalb ist ein wenig Organisation sehr wichtig. Geräte, die ich ständig benutze, müssen bei mir auf der Arbeitsfläche griffbereit sein und nicht im Schrank stehen und erst zusammengebaut werden. Drei Dinge sind mir besonders wichtig: ein sehr schweres, großes Holzschneidebrett, ein scharfes Stahlmesser, das ich seit Jahren benutze, und ein großer Mixer. An diesen drei Werkzeugen sollte man nicht sparen, besonders nicht am Messer, denn es erspart einem viel Zeit und Mühe. Mein Rat ist es, in ein gutes Küchengeschäft zu gehen, sich beraten zu lassen und einige Messer in die Hand zu nehmen, um zu sehen, wie sie sich anfühlen. Ebenfalls wichtig sind für mich die elektrische Saftpresse, das Handrührgerät und der Olivenentkerner. Außerdem habe ich gerade eine sehr feine Reibe für Dinge wie Knoblauch und Ingwer für mich entdeckt.

Das sind die Dinge, die ich wichtig finde, aber jeder muss seine eigene Arbeitsmethode finden, die sich harmonisch und richtig anfühlt und das Kochen zu einer Freude macht. Wenn man sich einmal organisiert hat, ist vegetarisches Kochen besonders schön, da die rohen Zutaten wunderbar aussehen, anzufassen und zu schmecken sind und pure Lebenskraft ausstrahlen, besonders, wenn sie aus biologischem Anbau sind.

Ich hoffe, Sie spüren diese Freude beim Lesen und Benutzen dieses Buchs und finden die Rezepte inspirierend und lecker.

DINNERPARTYS

Mit Dinnerpartys meine ich die Gelegenheiten, bei denen Sie etwas ganz Besonderes für Ihre Familie oder Ihre Freunde kochen und Wärme, Geselligkeit und Fröhlichkeit teilen wollen. Am liebsten esse ich bei solchen Gelegenheiten in der Küche bei gedimmtem Licht und angezündeten Kerzen.

Die folgenden Rezepte dauern etwas länger und kosten etwas mehr, sie sind aber nicht schwierig. Machen Sie sich das Leben leichter, indem Sie eine einfache Vorspeise – etwas Kaltes oder eine Suppe – und ein Dessert, das man gut vorbereiten kann, servieren, dann müssen Sie sich nur noch um die Hauptspeise kümmern und Ihre Gäste können genießen!

Kalte Rote-Bete-Suppe

VORBEREITUNG 25 MIN. GARZEIT 30–40 MIN. FÜR 6 PERSONEN

1 EL OLIVENÖL ▪ 1 GROSSE ZWIEBEL, GEHACKT ▪ 1 GROSSE KARTOFFEL, GESCHÄLT UND KLEIN GEWÜRFELT
▪ 750 g GEKOCHTE ROTE BETE (NICHT IN ESSIG EINGELEGT), GROB GEWÜRFELT ▪ ABGERIEBENE SCHALE VON
½ ZITRONE ▪ 1 ½ l WASSER ODER MILDE GEMÜSEBRÜHE ▪ 2 EL ZITRONENSAFT ▪ SALZ UND PFEFFER
▪ ZUM SERVIEREN SAURE SAHNE, GROB GEMAHLENER SCHWARZER PFEFFER UND GEHACKTER SCHNITTLAUCH,
MINZE ODER DILL

1 Olivenöl in einem großen Topf erhitzen und die Zwiebel darin 10 Min. dünsten, bis sie weich, aber nicht gebräunt ist. Dann die Kartoffel hinzufügen und abgedeckt bei kleiner Hitze 5 Min. köcheln lassen.

2 Rote Bete, Zitronenschale und Wasser oder Brühe dazugeben. Aufkochen, abdecken und 15–20 Min. köcheln lassen, bis die Kartoffel weich ist.

3 Im Mixer oder mit dem Pürierstab ganz glatt pürieren. Wer es noch samtiger mag, streicht die Mischung durch ein feines Sieb in eine Schüssel.

4 Zitronensaft dazugeben und mit Salz und Pfeffer würzen. Kühlen, bis die Suppe benötigt wird und noch einmal abschmecken.

5 Zum Servieren in gekühlte Suppenschalen löffeln und mit einem Löffel saurer Sahne, etwas schwarzem Pfeffer und gehackten Kräutern Ihrer Wahl servieren.

Diese Suppe, die man auch heiß servieren kann, hat mir einen Heiratsantrag eingebracht. Sie wirkt besonders gut, wenn die gefüllte Suppenschale in einer größeren, mit geschlagenem Eis gefüllten Schale serviert wird.

Auberginenküchlein mit rotem Paprikapüree

VORBEREITUNG 40 MIN. GARZEIT 1 STD. FÜR 6 PERSONEN

1 GROSSE AUBERGINE ▪ 1 GROSSE ROTE PAPRIKA ▪ 2 EL OLIVENÖL ▪ 1 GROSSE ZWIEBEL, FEIN GEHACKT

▪ 4 GROSSE KNOBLAUCHZEHEN, FEIN GEHACKT ▪ 1 EI ▪ 2 EL FEIN GEMAHLENES VOLLKORNMEHL

▪ 2 TL GEHACKTER OREGANO ▪ OLIVENÖL ZUM ANBRATEN ▪ SALZ UND PFEFFER ▪ ZUM GARNIEREN

OREGANOBLÄTTCHEN ODER -ZWEIGE UND GROB GEMAHLENER SCHWARZER PFEFFER

1 Den Stiel der Aubergine abschneiden. Aubergine und Paprika auf einem Blech im vorgeheizten Ofen bei 200 °C (Gas Stufe 6) etwa 30 Min. rösten, bis sie sich weich anfühlen, wenn man mit einem scharfen Messer hineinsticht. Abkühlen lassen. Dieser Schritt kann vorbereitet werden, wenn der Ofen gerade für etwas anderes verwendet wurde und schon heiß ist. Anschließend braucht man den Ofen nicht mehr, es sei denn, man möchte die Küchlein sofort zubereiten und bis zum Servieren im Ofen warm halten.

2 In der Zwischenzeit das Öl in einem Topf erhitzen und die Zwiebel darin bei schwacher Hitze in 10 Min. weich dünsten. Knoblauch dazugeben und weitere 1–2 Min. dünsten, dann vom Herd nehmen.

3 Für das Paprikapüree die Haut von der abgekühlten Paprika abziehen. Kerne, weiße Innenhäute und Stiel entfernen. Mit der Hälfte der Zwiebel-Knoblauch-Mischung in den Mixer geben und zu einem dicken Püree verarbeiten. Mit Salz und Pfeffer abschmecken und beiseitestellen.

4 Den Mixer ausspülen und die geröstete Aubergine, die restliche Zwiebel-Knoblauch-Mischung, Ei, Mehl, Oregano und etwas Salz und Pfeffer dazugeben und zu einem dicken Teig mixen.

5 Kurz vor dem Servieren etwa 2,5 mm tief Olivenöl in eine Pfanne gießen. Sobald ein kleiner Tropfen des Teigs sofort zu brutzeln beginnt, ist das Öl heiß genug. Gehäufte Teelöffel der Mischung in die Pfanne geben und auf jeder Seite etwa 2 Min. braten. Herausnehmen und auf Küchenpapier abtropfen lassen. Diesen Vorgang wiederholen, bis 18 kleine Pfannkuchen entstanden sind und der Teig aufgebraucht ist.

6 Das Paprikapüree kurz vor dem Servieren erwärmen. Drei Küchlein auf jeden Teller geben und einen Löffel Paprikapüree dazugeben. Mit Oreganoblättern oder -zweigen und grob gemahlenem schwarzen Pfeffer garnieren und sofort servieren.

Doppelt gebackene Käsesoufflés auf Pilzsteaks

VORBEREITUNG 40 MIN.   GARZEIT 20 MIN.   FÜR 6 PERSONEN

BUTTER ZUM EINFETTEN ▪ 250 g FETTARMER FRISCHKÄSE ▪ 4 EIGELB ▪ 150 g WÜRZIGER CHEDDAR, GERIEBEN
▪ 5 EIWEISS ▪ 150 ml SAHNE ▪ 50 g FRISCH GERIEBENER PARMESAN ▪ SALZ UND PFEFFER

PILZSTEAKS

1 EL OLIVENÖL ▪ 15 g BUTTER ▪ 6 WEISSE ODER BRAUNE RIESENCHAMPIGNONS OHNE STIELE

1 Sechs feuerfeste kleine Auflaufförmchen, Tassen oder Puddingförmchen mit 150 ml Inhalt großzügig mit Butter einfetten.

2 Frischkäse mit Eigelben verschlagen, den Cheddar hinzufügen und mit Salz und Pfeffer würzen. Eiweiß mit dem Handrührgerät in einer sauberen, fettfreien Schüssel steif schlagen. Einen gehäuften Esslöffel Eischnee in die Frischkäsemischung rühren, dann den Rest vorsichtig unterheben. In die gefetteten Förmchen füllen: Die Mischung darf bis zum Rand gehen, sollte aber nicht darüber hinausreichen.

3 Auf ein tiefes Backblech stellen und kochendes Wasser bis zur halben Höhe der Förmchen angießen. Im vorgeheizten Ofen bei 180 °C (Gas Stufe 4) 15 Min. backen, bis die Soufflés aufgegangen und fest sind. Aus dem Ofen nehmen und abkühlen lassen – die Soufflés sinken etwas zusammen.

4 In der Zwischenzeit die Pilze vorbereiten. Olivenöl und Butter in einer Pfanne erhitzen und die Pilze auf beiden Seiten anbraten, bis sie weich sind – insgesamt etwa 5 Min. Mit der Innenseite nach oben in eine flache Auflaufform geben, aus der man am Tisch servieren kann.

5 Die Ränder der Soufflés lösen und auf die Hand stürzen. Ein Soufflé auf jeden Pilz setzen. Etwas Sahne darüberlöffeln und den Parmesan darüberstreuen. Die Soufflés können nun stehen bleiben, bis man bereit ist, sie zu backen.

6 Im vorgeheizten Ofen bei 220 °C (Gas Stufe 7) 15–20 Min. backen, bis die Soufflés aufgegangen und goldbraun sind und der Parmesan darauf knusprig geworden ist.

Ziegenkäse-Preiselbeer-Päckchen

VORBEREITUNG 15 MIN.   GARZEIT 15–20 MIN.   FÜR 4 PERSONEN

4 BLÄTTER FILOTEIG, 40 × 23 cm ▪ 2 RUNDE ZIEGENKÄSE à 100 g ▪ 3–4 EL OLIVENÖL ▪ 4 GEHÄUFTE EL PREISELBEERKONFITÜRE

1 Jedes Filoteigblatt in 4 Stücke zerschneiden. Die Käse quer halbieren.

2 Um Päckchen herzustellen, ein Teigblatt auf die Arbeitsfläche legen und mit Olivenöl bestreichen. Ein zweites Stück im rechten Winkel darauflegen, sodass sich ein Kreuz bildet und mit Öl bestreichen. Ein drittes Stück diagonal darauflegen und mit Öl bestreichen und das letzte Stück so diagonal darauf platzieren, dass der Stern vollendet ist. Ebenfalls mit Öl bestreichen.

3 Ein Stück Ziegenkäse mit der Schnittfläche nach oben in die Mitte des Filoteigs legen und einen gehäuften Teelöffel Preiselbeeren daraufgeben. Die Seiten des Teigs nach oben bringen und in der Mitte zusammendrücken, bis sie verschlossen bleiben. Mit Olivenöl einstreichen. Mit drei weiteren Päckchen wiederholen.

4 Die Päckchen auf ein leicht eingefettetes Blech legen und im vorgeheizten Ofen bei 200 °C (Gas Stufe 6) 15–20 Min. backen, bis sie knusprig und leicht gebräunt sind. Sofort mit einem Blattsalat mit Vinaigrette servieren – Chicorée und Brunnenkresse passen gut dazu, da ihre bittere Note mit der Süße der Preiselbeeren kontrastiert. Alternativ passen auch ein cremiges Kartoffelpüree und dünne grüne Bohnen gut zu den Päckchen.

Süßkartoffel-Wildreis-Puffer mit Limettensalsa

VORBEREITUNG 30 MIN.   GARZEIT 1 STD.   FÜR 6 PERSONEN

6 SÜSSKARTOFFELN à 250 g ▪ 300 g BASMATI UND WILDREIS GEMISCHT ▪ 6–8 FRÜHLINGSZWIEBELN, GEHACKT
▪ 2 EL FRISCH GERIEBENER INGWER ▪ 8 KNOBLAUCHZEHEN, ZERDRÜCKT ▪ 175 g CASHEWKERNE, GERIEBEN
▪ TROCKENE POLENTA ZUM PANIEREN ▪ OLIVENÖL ZUM BRATEN ▪ SALZ UND PFEFFER ▪ ALS BEILAGE
GEKOCHTER SCHWARZ- ODER GRÜNKOHL ODER SPINAT
SALSA   ABGERIEBENE SCHALE UND GEHACKTES FRUCHTFLEISCH VON 1 LIMETTE ▪ 4 EL GEHACKTE
KORIANDERBLÄTTER ▪ 1 EL KOKOSFLOCKEN ▪ 1 GRÜNE CHILI, ENTKERNT UND GEHACKT

1 Einen Schnitt in jede Süßkartoffel machen, damit der Dampf entweichen kann. Auf ein Blech legen und im vorgeheizten Ofen bei 230 °C (Gas Stufe 8) 50–60 Min. backen, bis sie weich sind, wenn man mit einem Messer hineinsticht. Aus dem Ofen nehmen und etwas abkühlen lassen. Dieser Schritt kann vorbereitet werden.

2 Zwischenzeitlich Reis kochen. In einem großen Topf viel Wasser aufkochen, den Reis hinzufügen, wieder aufkochen und 15–20 Min. köcheln lassen, bis der Reis weich ist. Für dieses Rezept darf er gerne etwas zu weich sein. In ein Sieb abgießen, mit kaltem Wasser abspülen, abtropfen lassen und in eine Schüssel geben.

3 Süßkartoffelfleisch aus den Schalen löffeln und mit Frühlingszwiebeln, Ingwer, Knoblauch und Cashewkernen zum Reis geben. Mit Salz und Pfeffer würzen.

4 Die Mischung zu 12 flachen Kartoffelpuffern formen, mit Polenta panieren und beiseitestellen.

5 Für die Salsa alle Zutaten mischen und beiseitestellen.

6 Kurz vor dem Servieren Öl in eine Pfanne gießen, bis der Boden gerade so bedeckt ist. Erhitzen, bis es zu rauchen beginnt und die Puffer hineingeben. Eine Seite braun und knusprig braten, umdrehen und die zweite Seite braten. Nach Bedarf noch etwas Öl dazugeben. Vorsichtig herausheben und auf ein mit Küchenpapier ausgelegtes Blech geben. Im Ofen warm halten, während der Rest gebraten wird.

7 Etwa 2,5 cm Wasser in einem Topf aufkochen, Kohl oder Spinat dazugeben, abdecken und in 6–7 Min. weich kochen. Abgießen und mit Salz und Pfeffer würzen.

8 Auf jeden Puffer etwas Salsa geben und mit dem Gemüse servieren – entweder das Gemüse auf eine große Platte geben und die Puffer darauf verteilen oder auf einzelnen Tellern anrichten.

Der Kontrast zwischen dem leicht bitteren Gemüse und den süßlichen Puffern ist wunderbar – Schwarzkohl passt dazu am besten, er kann aber durch Grünkohl oder Spinat ersetzt werden.

Knusprige Haselnusskroketten
mit roter Zwiebelmarmelade

VORBEREITUNG 30 MIN.   GARZEIT 1 STD.   FÜR 6 PERSONEN

50 g BUTTER ▪ 1 KLEINE ZWIEBEL, FEIN GEHACKT ▪ 50 g FEIN GEMAHLENES VOLLKORNMEHL ▪ 450 ml SOJA-
MILCH ▪ JE ½ EL GEHACKTER THYMIAN UND OREGANO ▪ 125 g HASELNÜSSE, FEIN GEMAHLEN ▪ ½ TL HEFE-
EXTRAKT ▪ 250 g TALEGGIOKÄSE OHNE RINDE ▪ 1 EI, VERSCHLAGEN ▪ TROCKENE POLENTA ZUM PANIEREN
▪ OLIVENÖL ZUM BRATEN ▪ SALZ UND PFEFFER ▪ ZUM GARNIEREN OREGANO- ODER THYMIANZWEIGE

ROTE ZWIEBELMARMELADE   1 EL OLIVENÖL ▪ 500 g ROTE ZWIEBELN, IN DÜNNE SCHEIBEN GESCHNITTEN
▪ 1 EL ZUCKER ▪ 1 ½ EL SHERRY ODER ROTWEIN ▪ 1 EL ROTWEINESSIG

1 Für die Marmelade Olivenöl in einem großen Topf erhitzen, Zwiebeln dazugeben und abgedeckt 15 Min. dünsten, bis sie sehr weich sind. Dabei alle 5 Min. umrühren.

2 Sobald die Zwiebeln weich sind, Zucker, Sherry (oder Wein) und Essig dazugeben und ohne Deckel etwa 30 Min. köcheln lassen, bis die Mischung dick und klebrig ist und kaum Flüssigkeit übrig ist. Vom Herd nehmen, würzen und kühlen, wenn sie nicht sofort benötigt wird.

3 Die Nussmischung muss vorbereitet und abgekühlt sein, bevor man die Kroketten formen kann. Dazu die Butter in einem großen Topf schmelzen und die Zwiebel darin in 7 Min. weich dünsten. Das Mehl einrühren und 2−3 Min. angehen, aber nicht bräunen lassen. Die Sojamilch hinzufügen und rühren, bis die Mischung sehr dick wird. Vom Herd nehmen, Kräuter, Haselnüsse und Hefeextrakt dazugeben und mit Salz und Pfeffer abschmecken. Auf einem Teller ausstreichen und vollständig abkühlen lassen.

4 Sobald die Mischung kalt ist, in 6 Stücke zerteilen, den Käse ebenfalls in 6 Teile schneiden. Jedes Käsestück mit einem Teil der Nussmischung ummanteln, erst in verschlagenes Ei tauchen, dann in Polenta vollständig panieren. Weitere 5 Kroketten auf diese Art herstellen.

5 Kurz vor dem Servieren die Zwiebelmarmelade erwärmen. Die Kroketten in etwas Olivenöl auf beiden Seiten goldbraun und knusprig braten und auf Küchenpapier abtropfen lassen. Mit den Kräutern garnieren und Zwiebelmarmelade dazu servieren.

Kastaniengefüllte Zwiebeln mit Steinpilzsauce

VORBEREITUNG 30 MIN.   GARZEIT 40–50 MIN.   FÜR 6 PERSONEN

6 GROSSE GEMÜSEZWIEBELN ▪ 1 EL OLIVENÖL PLUS MEHR ZUM BESTREICHEN ▪ 15 g BUTTER ▪ 1 SELLERIEHERZ, GEHACKT ▪ 4–6 KNOBLAUCHZEHEN, FEIN GEHACKT ▪ 600 g VAKUUMVERPACKTE GANZE KASTANIEN ▪ 1 EL GEHACKTER THYMIAN ▪ 2 EL TROCKENE POLENTA ▪ SALZ UND PFEFFER ▪ ZUM GARNIEREN THYMIANZWEIGE

SAUCE   15 g GETROCKNETE STEINPILZE ▪ 750 ml GEMÜSEBRÜHE ▪ 1 ZWIEBEL, GEHACKT ▪ 2 EL OLIVENÖL ▪ 4 KNOBLAUCHZEHEN, FEIN GEHACKT ▪ 2 EL FEIN GEMAHLENES VOLLKORNMEHL ▪ 2 EL SOJASAUCE ▪ 2 EL MADEIRA ▪ SALZ UND PFEFFER

1 Die Zwiebeln quer halbieren und, wenn nötig, unten gerade schneiden, damit sie sicher stehen. Mit einem scharfen Messer das Innere herausschneiden. Es sollten etwa 3 dickere Zwiebelschichten außen stehen bleiben (s. Bild). Die Zwiebeln mit Olivenöl einpinseln und in eine flache Auflaufform setzen.

2 Das Innere der Zwiebeln hacken. Olivenöl und Butter in einem großen Topf erhitzen, gehackte Zwiebeln, Sellerie und Knoblauch hineingeben, abdecken und 10–15 Min. dünsten, bis alles weich, aber noch nicht gebräunt ist. Vom Herd nehmen.

3 Kastanien in den Topf geben, leicht zerdrücken, Thymian und Polenta einrühren und mit Salz und Pfeffer würzen. Diese Mischung in die Zwiebeltöpfchen häufen und im vorgeheizten Ofen bei 200 °C (Gas Stufe 6) 30–35 Min. backen, bis die Zwiebeln weich sind. Wenn die Füllung aussieht, als würde sie austrocknen, mit Alufolie abdecken.

4 Während die Zwiebeln im Ofen sind, die Sauce herstellen. Pilze mit Brühe in einen Topf geben. Aufkochen, abdecken und 15–20 Min. stehen lassen. Abgießen und den Sud aufbewahren. Pilze fein hacken.

5 Zwiebel in Olivenöl 10 Min. dünsten, bis sie weich und leicht gebräunt ist. Gehackte Pilze und Knoblauch dazugeben und 1–2 Min. dünsten. Das Mehl einrühren und kochen, bis es leicht gebräunt ist. Pilzsud, Sojasauce und Madeira hineingießen und bei schwacher Hitze rühren, bis die Sauce andickt.

6 Für eine glatte Sauce im Mixer oder mit dem Pürierstab pürieren oder alternativ durch ein Sieb streichen.

7 Sauce etwa 10 Min. köcheln lassen, dann mit Salz und Pfeffer abschmecken. Die gefüllten Zwiebeln mit der Steinpilzsauce servieren.

Benutzt man Polenta statt der traditionellen Semmelbrösel, bleibt die Füllung saftig, wird aber nicht matschig.

Croustade mit Spargel

VORBEREITUNG 30 MIN.   GARZEIT 20–25 MIN.   FÜR 6 PERSONEN

1 kg GRÜNE SPARGELSPITZEN (WENN MÖGLICH DÜNNE), GEPUTZT

CROUSTADE   150 g WEICHE WEISSBROTKRUMEN ▪ 150 g CASHEWKERNE, IN DER KAFFEEMÜHLE FEIN GEMAHLEN (ODER GEMAHLENE MANDELN) ▪ 150 g BUTTER ▪ 3 KNOBLAUCHZEHEN, FEIN GEHACKT ▪ 75 g ZWIEBEL, FEIN GERIEBEN ▪ 150 g PINIENKERNE ▪ 5 TL WASSER

HOLLANDAISE   250 g BUTTER, GEWÜRFELT ▪ 4 EIGELB ▪ 2 EL ZITRONENSAFT ▪ SALZ UND PFEFFER

1 Für die Croustade Brotkrumen, gemahlene Nüsse, Butter, Knoblauch und Zwiebel mit der Hand oder dem Mixer vermischen. Mit Pinienkernen und Wasser zu einem Teig verrühren.

2 Die Mischung in den Boden einer Auflaufform oder Quicheform mit 30 cm ø drücken. Im vorgeheizten Ofen bei 200 °C (Gas Stufe 6) 15–20 Min. backen, bis sie knusprig und goldbraun ist. Beiseitestellen.

3 Spargel in wenig kochendem Wasser 3–4 Min. weich kochen und abgießen.

4 Für die Sauce die Butter in einem Topf schmelzen, aber nicht bräunen. Eigelbe, Zitronensaft und Gewürze im Mixer oder mit dem Handrührgerät 1 Min. dick aufschlagen. Bei laufendem Mixer die geschmolzene Butter in einem dünnen Strahl einfließen lassen. Die Sauce dickt dadurch an. 1–2 Min. stehen lassen.

5 Den Spargel auf der Croustade anhäufen, die Sauce darübergießen und sofort servieren.

Um sich Hektik in letzter Minute zu ersparen, kann man den Boden vorbereiten und kühlen oder einfrieren, entweder vor oder nach dem Backen.

Tomaten-Flan mit Pesto und Mozzarella auf Walnussteig

VORBEREITUNG 30 MIN.   GARZEIT 1 ¾ STD.   FÜR 6 PERSONEN

375 g FEINES VOLLKORNMEHL ODER HALB VOLLKORN-, HALB NORMALES MEHL ▪ 175 g BUTTER, GROB GEWÜRFELT ▪ ½ TL SALZ ▪ 50 g WALNÜSSE, FEIN GEHACKT ▪ 3 EL KALTES WASSER ▪ 2 EL OLIVENÖL

FÜLLUNG   1,1 kg KLEINE STRAUCHTOMATEN ▪ 1 EL BALSAMICOESSIG ▪ 1 ROTE ZWIEBEL, IN RINGE GESCHNITTEN ▪ 1 EL OLIVENÖL ▪ 4 KNOBLAUCHZEHEN, IN SCHEIBEN ▪ 4 TL PESTO ▪ 150 g MOZZARELLA, ABGEGOSSEN UND IN 1 cm GROSSE WÜRFEL GESCHNITTEN ▪ 12 SCHWARZE OLIVEN, MÖGLICHST KALAMATA ▪ SALZ UND PFEFFER

1 Tomaten von den Zweigen nehmen und in eine Auflaufform geben. Balsamico darüber verteilen und bei 200 °C (Gas Stufe 6) 45–50 Min. backen, bis sie aufplatzen und dunkle Stellen bekommen.

2 Für den Teig Mehl, Butter und Salz in die Küchenmaschine geben und mixen, bis die Mischung groben Brotkrumen ähnelt. Oder in eine Schüssel geben und mit den Fingerspitzen verreiben. Walnüsse und Wasser dazugeben und zu einem Teig verarbeiten.

3 Auf einer bemehlten Oberfläche kurz kneten, flach drücken und zu einem Kreis ausrollen, mit dem man eine Flanform von 28–30 cm ø auskleiden kann. Die Ränder gerade schneiden, den Boden mit einer Gabel einstechen und 30 Min. kühlen.

4 Für die Füllung die Zwiebel in Olivenöl 10–15 Min. weich dünsten. Den Knoblauch hinzufügen und vom Herd nehmen.

5 Den Boden im Ofen ebenfalls bei 200 °C (Gas Stufe 6) 20 Min. backen, bis der Teig gar und leicht gebräunt ist. 1–2 Min. bevor man ihn aus dem Ofen nimmt, 2 EL Olivenöl in einem kleinen Topf erhitzen, bis es raucht. Sobald der Boden aus dem Ofen kommt, das Öl darüber verteilen – es brutzelt und der Boden wird fast gebraten. Das macht ihn „wasserdicht", er bleibt dadurch trotz Belag knusprig.

6 Kurz vor dem Servieren die Zwiebel und die Tomaten auf dem Boden verteilen. Mit Salz und Pfeffer würzen. Aber Vorsicht, Pesto und Mozzarella sind ebenfalls salzig. Das Pesto über die Tomaten träufeln und Mozzarella und Oliven darauf verteilen. Im vorgeheizten Ofen bei 180 °C (Gas Stufe 4) 25 Min. backen, bis der Mozzarella geschmolzen ist und anfängt, braun zu werden.

Ich verwende die kleinen Strauchtomaten wegen ihres Aromas, aber sie sehen auf diesem Flan auch am schönsten aus.

Erbsen-Minze-Timbale mit jungem Gemüse und Parmesanchips

VORBEREITUNG 40 MIN.   GARZEIT 1 ¼ STD.   FÜR 6 PERSONEN

15 g BUTTER, GESCHMOLZEN ▪ 1–2 EL FEIN GERIEBENER PARMESAN ▪ 500 g TIEFGEKÜHLTE ERBSEN ▪ 4 EL GEHACKTE MINZE ▪ 150 ml CRÈME DOUBLE ▪ 200 ml SAHNE ▪ 2 EIGELB ▪ 4 EIER ▪ GEMAHLENE MUSKATNUSS ▪ SALZ UND PFEFFER

PARMESANCHIPS   3 EL FEIN GERIEBENER PARMESAN

GESCHMORTES GEMÜSE   1 EL OLIVENÖL ▪ 25 g BUTTER ▪ 500 g BABY-KAROTTEN ▪ 500 g KLEINE FRÜH-KARTOFFELN ▪ 250 g GEPUTZTER BABY-FENCHEL ▪ 75 ml WASSER ▪ JE 125 g GRÜNE SPARGELSPITZEN, ZUCKERSCHOTEN UND DICKE BOHNEN

1 Sechs kleine Auflaufförmchen mit 150 ml Inhalt großzügig mit geschmolzener Butter einpinseln und mit Parmesan ausstreuen.

2 Erbsen und die Hälfte der Minze in kochendem Wasser 2–3 Min. gar kochen. Abgießen und mit Sahne und Crème double pürieren. Eier und Eigelbe hinzufügen und gut verschlagen. Durch ein Sieb in eine Schüssel gießen. So viel wie möglich durch das Sieb streichen, den Rest wegwerfen. Mit Muskat, Salz und Pfeffer würzen und in die Förmchen geben.

3 Auf ein tiefes Blech stellen und kochendes Wasser bis zur halben Höhe angießen. Im vorgeheizten Ofen bei 180 °C (Gas Stufe 4) 40–45 Min. backen, bis ein hineingestochener Spieß sauber herauskommt. Aus dem Ofen nehmen und beiseitestellen.

4 Für die Chips ein Blech mit Backpapier auslegen. Etwa ½ EL Parmesan daraufgeben und zu einem Kreis von 7 cm ø verstreichen. Mit 5 weiteren Kreisen wiederholen. Die Ofentemperatur auf 200 °C (Gas Stufe 6) erhöhen und 5 Min. backen, bis der Parmesan goldbraun und knusprig ist. Abkühlen lassen.

5 Nun das Gemüse kochen. Olivenöl und Butter in einem Topf erhitzen. Karotten, Kartoffeln, Fenchel und Wasser dazugeben. Aufkochen, abdecken und 15 Min. köcheln lassen. Spargel, Zuckerschoten und dicke Bohnen dazugeben und weitere 10 Min. köcheln lassen, bis alle Gemüse sehr weich sind. Mit Salz und Pfeffer abschmecken.

6 Das Gemüse auf angewärmten Tellern verteilen und die restliche Minze darüberstreuen. Die Timbales darauf stürzen – sie lösen sich leicht aus den Förmchen – und mit einem Parmesanchip garniert servieren.

Stir-fry mit gebratenem Tofu

VORBEREITUNG 15 MIN. PLUS MARINIERZEIT   GARZEIT 15 MIN.   FÜR 6 PERSONEN

1 EL SESAMÖL ▪ 2 TL ROTE THAI-CURRYPASTE ▪ 2 KNOBLAUCHZEHEN, ZERDRÜCKT ▪ 2 TL FRISCH GERIEBENER

INGWER ▪ 300 g SOJASPROSSEN ▪ 1 ROTE PAPRIKA, ENTKERNT UND IN DÜNNE STREIFEN GESCHNITTEN

▪ 1 BUND FRÜHLINGSZWIEBELN, GEPUTZT UND GEHACKT ▪ 125 g KLEINE CHAMPIGNONS

▪ 150 g ZUCKERSCHOTEN, LÄNGS HALBIERT ▪ 1 EL SOJASAUCE ▪ ZUM GARNIEREN KORIANDERBLÄTTER

TOFU   1 EL FRISCH GERIEBENER INGWER ▪ 4 KNOBLAUCHZEHEN, ZERDRÜCKT ▪ 1 TL BRAUNER ZUCKER

▪ 1 TL DIJONSENF ▪ 4 EL SOJASAUCE ▪ 500 g FESTER TOFU, IN 5 mm DÜNNE SCHEIBEN GESCHNITTEN

▪ HELLES OLIVENÖL ZUM ANBRATEN

1 Für den Tofu eine Marinade aus Ingwer, Knoblauch, Zucker, Senf und Sojasauce herstellen und die Tofuscheiben darin wenden, bis sie von allen Seiten bedeckt sind. So lange wie möglich marinieren lassen – von 10–30 Min. bis 24 Std.

2 Für das Stir-fry Sesamöl im Wok sehr hoch erhitzen. Die Currypaste hineingeben und einige Sekunden rühren, dann Knoblauch und Ingwer dazugeben und wieder rühren. Das Gemüse in den Wok geben und unter Rühren 1–2 Min. anbraten, dann abdecken und 5 Min. dünsten, bis das Gemüse weich ist. Die Sojasauce unterrühren.

3 In der Zwischenzeit den Tofu abgießen, die Marinade aufbewahren. Tofu auf beiden Seiten in etwas heißem Olivenöl anbraten. Die fertigen Stücke unter dem vorgeheizten Grill warm halten, bis alles gebraten ist.

4 Die restliche Marinade zum Gemüse geben. Mit Salz abschmecken und mit dem sehr heißen Tofu und Koriander bestreut servieren.

Eine sehr feine Reibe ersetzt die Knoblauchpresse. Man kann den Knoblauch darauf mit Haut reiben. (Dasselbe funktioniert mit frischem Ingwer – auch ihn muss man nicht schälen.) Die Reibe nach dem Benutzen sofort in kaltes Wasser geben, das erleichtert die Reinigung.

Mandel-Zitronen-Kuchen mit marokkanischem Orangensalat

VORBEREITUNG 30 MIN.   GARZEIT 30–35 MIN.   FÜR 6 PERSONEN

75 g WEICHE BUTTER ▪ 2 EL OLIVENÖL ▪ 125 g ZUCKER ▪ 3 EIER ▪ FEIN ABGERIEBENE SCHALE VON 2 ZITRONEN ▪ 200 g GEMAHLENE MANDELN ▪ ½ TL BACKPULVER ▪ 2–3 EL ZITRONENLIKÖR (NACH BELIEBEN)

ORANGENSALAT   8 SAFTIGE ORANGEN ▪ 2–3 EL FLÜSSIGER HONIG ▪ 2–3 TL ORANGENBLÜTENWASSER

▪ GESCHLAGENE SAHNE ZUM SERVIEREN (NACH BELIEBEN)

1 Eine Kuchenform von 15–18 cm ø mit Backpapier auslegen.

2 Butter, Olivenöl und Zucker schaumig schlagen. Eier und Zitronenschale dazugeben und luftig aufschlagen, dann Mandeln und Backpulver unterrühren, bis alles gut vermischt ist. In die Kuchenform füllen und glatt streichen.

3 Im vorgeheizten Ofen bei 160 °C (Gas Stufe 3) 30–35 Min. backen, bis der Kuchen aufgegangen ist, sich fest anfühlt und ein hineingestochener Zahnstocher sauber herauskommt. Auf einem Rost abkühlen lassen. Sobald der Kuchen abgekühlt ist, das Backpapier entfernen und die Oberfläche großzügig mit Zitronenlikör bestreichen.

4 Für den Orangensalat die Orangen über eine Schüssel halten, um den Saft aufzufangen. Die Schale mit der weißen Innenhaut abschälen und die Segmente aus ihren Kammern schneiden und in die Schüssel fallen lassen. Mit Honig und Orangenblütenwasser mischen und kühlen. Vor dem Servieren erneut mit Honig und Orangenblütenwasser abschmecken.

5 Den Kuchen mit Orangensalat und nach Belieben mit geschlagener Sahne servieren.

Weiße Schokoladeneiscreme mit Sommerbeerensauce

VORBEREITUNG 30 MIN. PLUS KÜHL- UND GEFRIERZEIT   ZUBEREITUNG 10 MIN.   FÜR 6 PERSONEN

2 EIER ▪ 275 ml SAHNE ▪ 75 g ZUCKER ▪ 300 g WEISSE SCHOKOLADE, IN STÜCKE GEBROCHEN

▪ 275 ml CRÈME DOUBLE

SAUCE   1 kg GEMISCHTE SOMMERBEEREN WIE JOHANNISBEEREN, HEIDELBEEREN, HIMBEEREN UND BROMBEEREN

▪ 50–125 g ZUCKER

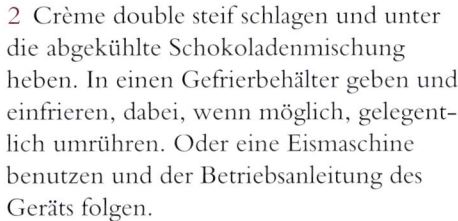

1 Für die Eiscreme Eier in einer Schüssel verschlagen. Sahne in einem Topf aufkochen und über die Eier gießen. Verschlagen und zurück in den Topf geben. Bei sehr schwacher Hitze unter ständigem Rühren einige Minuten eindicken, bis die Mischung die Rückseite eines Holzlöffels überzieht. Vom Herd nehmen und die weiße Schokolade einrühren. Abdecken und beiseitestellen, gelegentlich umrühren, damit die Schokolade schneller schmilzt.

2 Crème double steif schlagen und unter die abgekühlte Schokoladenmischung heben. In einen Gefrierbehälter geben und einfrieren, dabei, wenn möglich, gelegentlich umrühren. Oder eine Eismaschine benutzen und der Betriebsanleitung des Geräts folgen.

3 Für die Sauce Früchte und Zucker in einen Topf geben und langsam erhitzen, bis der Saft austritt. Das dauert nur wenige Minuten. Vom Herd nehmen und mit Zucker abschmecken. Da die Eiscreme ziemlich süß ist, darf die Sauce ruhig einen säuerlichen Kontrast dazu bilden.

4 Die Eiscreme 30 Min. vor dem Servieren aus dem Gefrierschrank nehmen, damit sie etwas weich werden kann, dann Eiskugeln mit Beerensauce servieren.

Kleine Zitronenkäsekuchen mit Heidelbeeren

VORBEREITUNG 25 MIN.   FÜR 6 PERSONEN

175 g INGWERKEKSE ▪ 75 g GESCHMOLZENE BUTTER ▪ 175 g HEIDELBEEREN ▪ PUDERZUCKER ZUM BESTREUEN

BELAG   400 g FETTARMER FRISCHKÄSE ▪ FEIN ABGERIEBENE SCHALE VON 2 ZITRONEN ▪ 25 g ZUCKER

▪ 150 ml CRÈME DOUBLE ▪ 4 EL FRISCH GEPRESSTER ZITRONENSAFT

1 Kekse in eine Plastiktüte geben, verschließen und mit einem Nudelholz zerdrücken. In eine Schüssel geben und mit der geschmolzenen Butter vermischen. Auf sechs kleine Flanförmchen mit 9–10 cm ø und herausnehmbarem Boden verteilen und andrücken (nicht an den Seiten nach oben ziehen). In den Kühl- oder Gefrierschrank stellen, während man die Füllung vorbereitet.

2 Wenn Flüssigkeit auf dem Frischkäse steht, diese abgießen. Frischkäse mit Zitronenschale und Zucker in eine Schüssel geben und zu einer cremigen Mischung verrühren. Crème double dazugeben und rühren, bis die Mischung fester wird. Zitronensaft mit einem Löffel unterrühren – die Säure lässt die Mischung noch fester werden.

3 Frischkäsemischung in die Flanförmchen löffeln. Bis zu den Rändern verstreichen, aber die Oberfläche nicht glätten. Kühlen, bis die Käsekuchen benötigt werden.

4 Die Käsekuchen aus den Förmchen nehmen – sie lösen sich leicht – und von den Böden vorsichtig auf Teller gleiten lassen. Mit Heidelbeeren bestreuen, Puderzucker darüberstäuben und sobald wie möglich servieren.

KLASSIKER
IM NEUEN GEWAND

Die Leute fragen mich oft, wie ich auf neue Ideen komme. Die Antwort ist, dass ich mich schnell langweile und neue Geschmacksrichtungen ausprobieren will. Ich experimentiere so lange, bis das Ergebnis richtig ist, dann fange ich mit etwas Neuem an. Mein Ehemann hat sich einmal darüber beschwert, dass er bestimmte Gerichte zu jeder Mahlzeit vorgesetzt bekommt, während ich daran arbeite. Dann verschwinden die Rezepte in einem Buch und er bekommt sie nie wieder zu Gesicht!

Es hat mir wirklich Spaß gemacht, an diesem Kapitel zu arbeiten, mit Farben, Aromen und Texturen herumzuspielen und klassischen Gerichten ein neues Aussehen zu verleihen. Ich hoffe, die Ergebnisse machen Ihnen so viel Freude wie mir das Experimentieren damit.

Nori Sushi ohne Reis

VORBEREITUNG 20 MIN.   ERGIBT 16–20 STÜCK

750 g DAIKON (JAPANISCHER RETTICH) ODER WEISSE RÜBEN, GESCHÄLT UND GERASPELT ▪ 2 TL REISESSIG ODER WEISSWEINESSIG ▪ 2 TL ZUCKER ▪ 4–5 STÜCKE NORI-ALGEN ▪ 1 ROTE PAPRIKA, ENTKERNT UND IN LANGE STREIFEN GESCHNITTEN ▪ ½ SALATGURKE, GESCHÄLT UND IN LANGE STREIFEN GESCHNITTEN ▪ 1 AVOCADO, GESCHÄLT, HALBIERT, ENTSTEINT UND IN LANGE STREIFEN GESCHNITTEN ▪ SALZ UND PFEFFER ▪ ZUM GARNIEREN GERÖSTETER SESAM (NACH BELIEBEN)

ZUM SERVIEREN   SOJASAUCEN-DIP (s. S. 150), WASABIPASTE UND EINGELEGTER INGWER

1 Geraspelten Daikon oder weiße Rüben mit den Händen auspressen (sie sollten möglichst trocken sein). Mit Essig, Zucker, Salz und Pfeffer nach Geschmack würzen.

2 Ein Stück Nori mit der glänzenden Seite nach unten auf ein Brett legen und dünn mit Daikon oder weißer Rübe bedecken, dabei am entfernten Ende einen 1 cm breiten Streifen frei lassen. Wenn nötig, vorher nochmals auspressen.

3 Eine Reihe Paprikastreifen etwa 2,5 cm vom unteren Rand entfernt darauflegen. Je einen Streifen Gurke und Avocado neben die Paprika legen. Am unteren Ende mit dem Aufrollen beginnen. Mit den restlichen Zutaten wiederholen, bis alles aufgebraucht ist, dann kühlen, bis man das Sushi benötigt.

4 Zum Servieren die beiden Enden der Rolle abschneiden – sie sehen meist etwas unordentlich aus – und jede Rolle in vier Stücke schneiden. Mit der Füllung nach oben auf Tellern anrichten. Nach Wunsch mit Sesam bestreuen. Mit Sojasaucen-Dip, einer kleinen Schale Wasabipaste und etwas eingelegtem Ingwer servieren.

Fruchtiges Guacamole

VORBEREITUNG 25 MIN.   FÜR 4 PERSONEN

1 GROSSE KNOBLAUCHZEHE ▪ 1 GRÜNE CHILI, ENTKERNT ▪ 1 BUND KORIANDER, STIELE ENTFERNT ▪ SAFT UND ABGERIEBENE SCHALE VON 1 LIMETTE ▪ 2 REIFE AVOCADOS, GESCHÄLT, ENTSTEINT UND GROB GEHACKT ▪ 1 GRANATAPFEL ▪ 1 REIFER PFIRSICH, GESCHÄLT, ENTSTEINT UND GEHACKT ▪ SALZ

ZUM SERVIEREN   2 KLEINE KOPFSALATE, BLÄTTER ABGEZUPFT UND SALATHERZEN GEVIERTELT

1 Knoblauch und Chili mit dem größten Teil des Korianders im Mixer fein hacken. Einige Korianderblätter zum Garnieren aufbewahren. Limettenschale und Saft (evtl. einige Limettenzesten zum Garnieren aufbewahren), Avocado und etwas Salz dazugeben und zu einer grünen Paste pürieren. In eine Schüssel geben.

2 Den Granatapfel halbieren und die Schale aufbiegen, als wollte man das Innere nach außen stülpen. Die Fruchtkerne vorsichtig herausnehmen. Den größten Teil des Granatapfels und des gehackten Pfirsichs unter die Avocadomischung heben.

3 Salatblätter und -herzen um den Rand einer Servierplatte arrangieren. Das Guacamole daraufhäufen. Restliche Pfirsich- und Granatapfelstücke darüber verteilen und Korianderblätter und Limettenschale darüberstreuen. Sobald wie möglich servieren.

Eine authentisch mexikanische Variation des beliebten Klassikers – und eine wunderbare Geschmacksexplosion zwischen scharf und salzig, süß und sauer. Eine herrliche Vorspeise, die aber für eine schöne Farbe direkt vor dem Servieren zubereitet werden muss.

Rotes Hummus mit geräucherter Paprika

VORBEREITUNG 15 MIN.   FÜR 4 PERSONEN

2 KNOBLAUCHZEHEN ▪ 410 g KICHERERBSEN AUS DER DOSE, ABGEGOSSEN ▪ 150 g ROTE PAPRIKA AUS DEM GLAS, ABGEGOSSEN ▪ 1 TL HONIG ▪ TABASCOSAUCE NACH GESCHMACK ▪ ¼–½ TL GERÄUCHERTES PAPRIKAPULVER ▪ GROB GEMAHLENER SCHWARZER PFEFFER

ZUM SERVIEREN   WARMES ODER GEGRILLTES PITABROT

1 Knoblauchzehen im Mixer fein hacken, dann Kichererbsen, rote Paprika und Honig dazugeben und pürieren. Tabascosauce und geräuchertes Paprikapulver nach Geschmack unterrühren.

2 Auf einen Teller geben und die Oberfläche glätten. Etwas schwarzen Pfeffer grob darübermahlen und mit Streifen von warmem oder gegrilltem Pitabrot servieren.

Geräuchertes Paprikapulver gibt einen interessanten, ungewöhnlichen Geschmack, wenn es nicht erhältlich ist, kann es aber durch edelsüßes Paprikapulver ersetzt werden.

Caesar Salat mit violettem Brokkoli und gerösteten Mandeln

VORBEREITUNG 15 MIN.   GARZEIT 4–5 MIN.   FÜR 4 PERSONEN

250 g VIOLETTER BROKKOLI ▪ 1 ROMANASALAT, DIE ÄUSSEREN BLÄTTER ENTFERNT ODER 2 SALATHERZEN

DRESSING   4 EL MAYONNAISE ▪ 1 EL ZITRONENSAFT ▪ TABASCOSAUCE NACH GESCHMACK ▪ 6 EL GEHOBELTER

PARMESAN ▪ 2 EL GERÖSTETE MANDELBLÄTTCHEN ▪ SALZ UND PFEFFER

1 Brokkoli in 4–5 Min. gerade weich kochen – die Zeit hängt von der Dicke der Stiele ab – und abgießen.

2 Für das Dressing Mayonnaise, Zitronensaft und genug Tabascosauce für eine angenehme Schärfe verrühren. Mit Salz und Pfeffer würzen und die Hälfte des Parmesans unterrühren.

3 Salat in Stücke zupfen und mit dem Brokkoli in eine Schüssel geben. Das Dressing darübergießen und vorsichtig unterheben. Den restlichen Parmesan und die Mandeln darüberstreuen und servieren.

Mit selbst gemachter Zitronenmayonnaise (s. S. 143) oder einer sehr guten gekauften Mayonnaise wird das Dressing am besten. Ich benutze Tabasco statt Worcestersauce, da letztere Anchovisessenz enthält.

Ratatouille aus dem Ofen
mit Balsamicoessig und Kapern

VORBEREITUNG 10 MIN.   GARZEIT 40 MIN.   FÜR 4 PERSONEN

2 VIOLETTE ZWIEBELN, IN JE 6–8 SPALTEN ZERTEILT ▪ 1 GROSSE ZUCCHINI, IN 1 cm WÜRFEL GESCHNITTEN
▪ 1 GROSSE AUBERGINE, IN 1 cm WÜRFEL GESCHNITTEN ▪ 2 ROTE PAPRIKA, ENTKERNT UND IN 1 cm WÜRFEL
GESCHNITTEN ▪ 2 EL OLIVENÖL ▪ 1–2 EL BALSAMICOESSIG ▪ 400 g TOMATENSTÜCKE AUS DER DOSE
▪ 4 KNOBLAUCHZEHEN, GROB GEHACKT ▪ 1–2 EL KAPERN, ABGEGOSSEN ▪ SALZ UND PFEFFER

1 Zwiebeln, Zucchini, Aubergine und Paprika mit Olivenöl und Balsamico in eine Auflaufform geben. Gut vermischen, damit das Gemüse gleichmäßig mit Essig und Öl benetzt ist und mit Salz und Pfeffer würzen.

2 Im vorgeheizten Ofen bei 200 °C (Gas Stufe 6) ohne Deckel 20 Min. backen, dann Tomaten, Knoblauch und Kapern dazugeben. Gut verrühren und weitere 20 Min. backen, bis das Gemüse weich ist.

3 Abschmecken und nach Bedarf mehr Balsamico, Salz und Pfeffer dazugeben. Heiß, lauwarm oder kalt servieren.

Pilzgulasch auf thailändische Art mit goldenem Reis

VORBEREITUNG 15 MIN.   GARZEIT 15 MIN.   FÜR 4 PERSONEN

1 EL RAPSÖL ▪ 500 g KLEINE CHAMPIGNONS, JE NACH GRÖSSE HALBIERT ODER GEVIERTELT ▪ 2 STÄNGEL ZITRONENGRAS, ZERDRÜCKT ▪ 4–6 LIMETTENBLÄTTER ODER DIE ABGERIEBENE SCHALE VON 1 LIMETTE ▪ 1 EL FRISCH GERIEBENER INGWER ▪ 4 TL SPEISESTÄRKE ▪ 800 ml KOKOSMILCH ▪ SALZ UND PFEFFER ▪ 4 EL GROB GEHACKTE KORIANDERBLÄTTER ZUM GARNIEREN

REIS   300 g WEISSER BASMATIREIS ▪ 1 PRISE KURKUMA ▪ 600 ml WASSER

1 Zunächst den Reis aufsetzen. Dazu Reis mit Kurkuma und etwas Salz in einen Topf mit schwerem Boden geben und das Wasser dazugießen. Aufkochen, abdecken und die Hitze auf kleinste Stufe stellen. 15 Min. sehr sacht köcheln lassen, bis das Wasser vollständig aufgenommen wurde und der Reis weich ist. Mit einer Gabel auflockern und abgedeckt warm halten, bis er benötigt wird.

2 Das Rapsöl in einem großen Topf erhitzen, die Pilze dazugeben und umrühren. Etwa 5 Min. garen, bis die Pilze weich sind.

3 Zitronengras, Limettenblätter oder -schale und Ingwer dazugeben und einige Sek. rühren, damit die Aromen herausgelöst werden.

4 Stärke mit etwas Kokosmilch verrühren und beiseitestellen. Die restliche Kokosmilch zu den Pilzen geben, aufkochen und 5 Min. köcheln lassen. Nun die Stärke angießen, aufkochen und etwa 1 Min. rühren, bis die Sauce andickt. Mit Salz und Pfeffer würzen und das Zitronengras entfernen (Limettenblätter können ebenfalls herausgenommen werden).

5 Das Pilzgulasch auf heißem Reis mit Koriander bestreut servieren.

Wenn man es leichter mag, kann die Hälfte der Kokosmilch durch Wasser ersetzt werden. Das ist billiger als „kalorienreduzierte" Kokosmilch, bei der man das zugesetzte Wasser teuer bezahlt – lesen Sie die Zutatenliste!

Vegetarischer Shepherd's Pie mit Linsen und geräuchertem Käse

VORBEREITUNG 30 MIN.   GARZEIT 1 STD.   FÜR 4 PERSONEN

1,1 kg KARTOFFELN, GESCHÄLT UND IN GLEICH GROSSE STÜCKE GESCHNITTEN ▪ 2 EL OLIVENÖL ▪ 2 GROSSE ZWIEBELN, GEHACKT ▪ 2 KNOBLAUCHZEHEN, ZERDRÜCKT ▪ 400 g TOMATENSTÜCKE AUS DER DOSE ▪ 410 g GRÜNE LINSEN AUS DER DOSE, ABGEGOSSEN ▪ 50 g GETROCKNETE TOMATEN, GEHACKT ▪ 1 EL TOMATENKETCHUP ▪ 15 g BUTTER ▪ 200 g GERÄUCHERTER WENSLEYDALE ODER CHEDDAR, GERIEBEN ODER ZERBRÖSELT ▪ SALZ UND PFEFFER ▪ ALS BEILAGE GEKOCHTE ERBSEN ODER GRÜNKOHL

1 Kartoffeln in einem Topf mit Wasser bedecken und aufkochen. Etwa 20 Min. kochen, bis sie weich sind.

2 In der Zwischenzeit das Olivenöl in einem Topf erhitzen. Die Zwiebeln hineingeben, abdecken und 15 Min. dünsten, bis sie sehr weich, leicht gebräunt und süßlich sind. Vom Herd nehmen und Knoblauch, Tomatenstücke, Linsen, getrocknete Tomaten und Ketchup dazugeben. Mit Salz und Pfeffer abschmecken.

3 Die gekochten Kartoffeln abgießen und das Wasser aufbewahren. Mit Butter und einem Teil des Kochwassers zu einem cremigen Püree zerstampfen. Zwei Drittel des Käses unterrühren.

4 Die Linsenmischung in eine flache Auflaufform geben und das Kartoffelpüree darauf verstreichen. Mit dem restlichen Käse bestreuen und im vorgeheizten Ofen bei 200 °C (Gas Stufe 6) 40 Min. backen, bis die Oberfläche goldbraun ist. Mit Erbsen oder Grünkohl servieren.

Dieses Gericht ist so lecker und sättigend, dass es selbst von den hartnäckigsten Fleischessern gemocht wird. Außerdem ist es praktisch, da man es gut vorbereiten kann und dann nur noch in den Ofen schieben muss.

Drei-Bohnen-Chili mit bunter Paprika

VORBEREITUNG 20 MIN.   GARZEIT 30–35 MIN.   FÜR 4 PERSONEN

1 EL OLIVENÖL ▪ 1 ZWIEBEL, GEHACKT ▪ 2 KNOBLAUCHZEHEN, FEIN GEHACKT ▪ 1 GRÜNE CHILI, ENTKERNT UND GEHACKT ▪ JE 1 ROTE, GELBE UND GRÜNE PAPRIKA, ALLE ENTKERNT UND GEHACKT ▪ 410 g BORLOTTIBOHNEN AUS DER DOSE ▪ 410 g ROTE KIDNEYBOHNEN AUS DER DOSE ▪ 410 g PINTOBOHNEN AUS DER DOSE ▪ 400 g TOMATENSTÜCKE AUS DER DOSE ▪ SALZ UND PFEFFER ▪ TABASCOSAUCE (NACH BELIEBEN)

1 Olivenöl in einem großen Topf erhitzen, Zwiebel hineingeben, zudecken und 5 Min. glasig dünsten ohne zu bräunen. Knoblauch, Chili und Paprika dazugeben, umrühren, abdecken und weitere 15–20 Min. dünsten, bis die Paprika weich ist.

2 Alle Bohnen mit ihrer Flüssigkeit und die Tomaten dazugeben. Umrühren, zum Köcheln bringen und bei schwacher Hitze etwa 10 Min. köcheln lassen, bis das Gemüse sehr weich ist.

3 Mit Salz und Pfeffer abschmecken und eventuell noch etwas Tabascosauce dazugeben, dann servieren.

Kedgeree mit Eiern und Estragonbutter

VORBEREITUNG 20 MIN.   GARZEIT 35 MIN.   FÜR 4 PERSONEN

1 EL OLIVENÖL ▪ 1 GROSSE ZWIEBEL, GEHACKT ▪ 3 KNOBLAUCHZEHEN, FEIN GEHACKT ▪ ¼ TL KURKUMA

▪ 300 g BASMATIREIS ▪ 150 g GESPALTENE ROTE LINSEN ▪ 750 ml WASSER ▪ 2 EL ZITRONENSAFT

▪ 4–6 HÜHNEREIER ODER 8–12 WACHTELEIER, HART GEKOCHT UND HALBIERT ▪ SALZ UND PFEFFER

ESTRAGONBUTTER   75 g WEICHE BUTTER ▪ 4 EL GEHACKTER ESTRAGON

1 Olivenöl in einem großen Topf mit schwerem Boden erhitzen, die Zwiebel hineingeben und 10 Min. bei schwacher Hitze dünsten, dabei gelegentlich umrühren.

2 Knoblauch und Kurkuma einrühren und 1–2 Min. weiterkochen, dann Reis und Linsen dazugeben und rühren, bis sie gleichmäßig mit der Zwiebel-Gewürz-Mischung überzogen sind.

3 Das Wasser angießen, aufkochen, abdecken und bei schwacher Hitze 20 Min. kochen, bis die Linsen hell, der Reis weich und das Wasser vollständig aufgenommen sind.

4 Während der Reis kocht, die Butter mit einer Gabel cremig schlagen und den Estragon unterrühren. Auf Folie oder Butterbrotpapier zu einer Rolle formen, einschlagen und im Kühlschrank aufbewahren.

5 Mit einer Gabel vorsichtig den Zitronensaft unter den Reis rühren – dadurch wird die Farbe leuchtender – und mit Salz und Pfeffer würzen. Auf eine Servierplatte oder 4 Teller geben und mit kleinen Stückchen Estragonbutter und halben Eiern belegt servieren.

Nussbraten mit Tamari-Aroma und Tomatensauce

VORBEREITUNG 40 MIN. GARZEIT 1 ½ STD. FÜR 4 PERSONEN

■ 1 EL OLIVENÖL ■ 1 GROSSE ZWIEBEL, GEHACKT ■ 4 KNOBLAUCHZEHEN, FEIN GEHACKT ■ 800 g TOMATENSTÜCKE
AUS DER DOSE ■ 20 g BASILIKUM ■ 125 g CHAMPIGNONS, GEHACKT ■ 125 g VOLLKORNBROTKRUMEN
■ 125 g PEKANNÜSSE, GEHACKT ■ 125 g GEMAHLENE MANDELN ■ 1 EL TAMARI ■ ½ TL HEFEEXTRAKT
■ 1 EI ■ SALZ UND PFEFFER

1 Olivenöl in einem großen Topf mit schwerem Boden erhitzen und die Zwiebel darin 10 Min. bei schwacher Hitze dünsten, dabei gelegentlich umrühren. Den Knoblauch hinzufügen und 1–2 Min. weiterdünsten, dann die Tomaten dazugeben. Ohne Deckel etwa 20 Min. kochen, bis die Flüssigkeit verdampft und die Sauce sehr dick ist.

2 Einen schönen Basilikumzweig zum Garnieren beiseitelegen. Den Rest grob hacken.

3 Die Hälfte der Tomatensauce in eine Schüssel geben und Basilikum, Pilze, Brotkrumen, Nüsse, Mandeln, Tamari, Hefeextrakt und Ei hinzufügen. Gut vermischen und mit Salz und Pfeffer würzen.

4 Den Boden und die langen Seiten einer Kastenform für 500 g Inhalt mit Backpapier auslegen. Die Mischung in die Form geben, die Oberfläche glätten und mit einem weiteren Stück Backpapier bedecken. Im vorgeheizten Ofen bei 180 °C (Gas Stufe 4) 1 Std. backen.

5 Den Nussbraten etwa 3–4 Min. ruhen lassen, während man die restliche Tomatensauce wieder erhitzt und mit Salz und Pfeffer abschmeckt. Nach Wunsch kann sie mit etwas Wasser auf die gewünschte Konsistenz verdünnt werden.

6 Den Nussbraten mit einem Messer aus der Form lösen, auf eine Platte stürzen und das Papier abziehen. Mit dem Basilikumzweig garnieren und in dicken Scheiben mit Tomatensauce servieren.

Fangen Sie mit der Tomatensauce an: Ein Teil davon wird für den Nussbraten benötigt, der Rest dient als Beilage zum fertigen Gericht.

Zucchini-Lasagne mit Erbsen und Ricotta

VORBEREITUNG 30 MIN.   GARZEIT 1 STD.   FÜR 4 PERSONEN

ETWA 9 LASAGNEBLÄTTER OHNE VORKOCHEN ▪ 1 EL OLIVENÖL ▪ 2 ZWIEBELN, GEHACKT ▪ 500 g ZUCCHINI, IN DÜNNEN SCHEIBEN ▪ 275 g TIEFGEKÜHLTE ERBSEN ▪ 4 EL GEHACKTE MINZE ▪ 500 g RICOTTA ▪ 300 ml MILCH ▪ 300 ml SAURE SAHNE ▪ 75 g PARMESAN, FRISCH GERIEBEN ▪ SALZ UND PFEFFER

ZUM SERVIEREN   1 KNACKIGER GRÜNER SALAT

1 Lasagneblätter in einer Schüssel oder flachen Schale mit kaltem Wasser bedecken und einweichen, bis man die Füllung zubereitet hat. Dadurch gart sie leichter und wird so viel lockerer und leckerer.

2 Olivenöl in einem großen Topf erhitzen und die Zwiebeln darin 5 Min. andünsten, bis sie weich werden, dann die Zucchini hinzufügen. Abdecken und bei schwacher Hitze 15–20 Min. dünsten, bis das Gemüse weich, aber nicht gebräunt ist. Erbsen und Minze unterrühren, mit Salz und Pfeffer würzen und vom Herd nehmen.

3 Ricotta mit 2 EL Milch cremig rühren und mit schwarzem Pfeffer würzen.

4 Lasagne abtropfen lassen und eine Schicht auf den Boden der Auflaufform legen. Die Hälfte des Ricottas darauf verstreichen und die Hälfte des Gemüses auf dem Ricotta verteilen. Mit einer weiteren Lasagneschicht bedecken und den restlichen Ricotta und das Gemüse daraufgeben. Mit einer letzten Pastaschicht abschließen.

5 Für den Belag saure Sahne in eine Schüssel geben und mit der restlichen Milch verrühren. Auf die Lasagne gießen und dick mit Parmesan bestreuen. Im vorgeheizten Ofen bei 200 °C (Gas Stufe 6) 40 Min. backen, bis die Lasagne goldbraun ist und herrlich duftet. Dazu passt ein knackiger grüner Salat.

In die von mir verwendete Auflaufform passen nebeneinander 3 Blätter Lasagne. Für Ihre Form müssen Sie eventuell die Anzahl der verwendeten Lasagneblätter anpassen.

Banoffi-Pie mit Whiskeysahne

VORBEREITUNG 20 MIN. PLUS KÜHLZEIT   GARZEIT 3–4 STD.   FÜR 4–6 PERSONEN

400 g GEZUCKERTE KONDENSMILCH ▪ 250 g ROGGENKEKSE ODER VOLLKORNBUTTERKEKSE
▪ 125 g GESCHMOLZENE BUTTER ▪ 2–3 GROSSE BANANEN ▪ 300 ml CRÈME DOUBLE ODER SAHNE
▪ 4 EL BAILEY'S LIKÖR ▪ 25 g ZARTBITTERSCHOKOLADE, GERIEBEN

1 Die ungeöffnete Dose Kondensmilch in einen Topf stellen oder legen und mit kaltem Wasser bedecken. Aufkochen und 3–4 Std. köcheln lassen. Das Wasser sollte immer mindestens 5 cm höher als die Dose stehen, stellen Sie sich also einen Küchenwecker zum Nachfüllen. Solange man sich an diese Regel hält, ist der Vorgang absolut ungefährlich. Die Dose im Wasser abkühlen lassen.

2 Die Kekse in eine Plastiktüte geben, verschließen und mit einem Nudelholz zu feinen Krümeln zermahlen. Mit der geschmolzenen Butter vermischen und in den Boden einer Quicheform mit 20–23 cm ø drücken. Wenn möglich für 10–15 Min. in den Kühlschrank stellen.

3 Die Bananen schälen und längs halbieren. Mit der Schnittseite nach unten in die Form legen, dabei wenn nötig zerschneiden, damit sie hineinpassen.

4 Die karamellisierte Kondensmilch über den Bananen verteilen, sodass sie gleichmäßig bedeckt sind.

5 Crème double oder Sahne mit Bailey's steif schlagen und auf der Karamellschicht bis zu den Rändern der Form verstreichen. Mit geriebener Schokolade bestreuen. Bis zum Servieren kühlen – der Kuchen schmeckt nach 24 Std. sogar noch besser.

Für das Karamell muss man die Kondensmilch karamellisieren. Das kann man auch mit mehreren Dosen gleichzeitig machen, solange alle wie oben beschrieben mit Wasser bedeckt sind. In den Dosen hält sich das Karamell monatelang – und mit einem kleinen Vorrat ist das leckere Dessert schnell zubereitet.

Gekühlter Milchreis mit Rosenwasser

VORBEREITUNG 10 MIN. PLUS KÜHLZEIT   GARZEIT 45 MIN.   FÜR 4 PERSONEN

125 g MILCHREIS ODER ANDERER RUNDKORNREIS ▪ 900 ml MILCH ODER SOJAMILCH ▪ 125 g WEISSER ODER HELLBRAUNER ZUCKER ▪ ABGERIEBENE SCHALE VON 1 ZITRONE ▪ 2 EL ROSENWASSER ▪ 300 ml SAHNE, LEICHT GESCHLAGEN (NACH BELIEBEN)

ZUM GARNIEREN   DÜNNE ZITRONENZESTEN ▪ 25 g GERÖSTETE MANDELBLÄTTCHEN ▪ EINIGE DUFTENDE ROSENBLÜTENBLÄTTER (NACH BELIEBEN)

1 Den Reis mit viel Wasser in einen Topf geben, aufkochen und 15 Min. köcheln lassen, bis er langsam weich wird, in der Mitte aber noch hart ist.

2 Abgießen und mit Milch oder Sojamilch, Zucker und Zitronenschale zurück in den Topf geben. Aufkochen, abdecken und etwa 30 Min. köcheln lassen. Dabei gelegentlich umrühren, gegen Ende der Kochzeit häufiger rühren, bis der Reis weich und die Konsistenz dick und cremig ist. Vollständig abkühlen lassen.

3 Das Rosenwasser unterrühren und nach Wunsch die geschlagene Sahne unterheben. In eine Servierschüssel oder kleine Schälchen löffeln. Kurz vor dem Servieren mit Zitronenzesten, Mandelblättchen und evtl. Rosenblüten bestreuen.

KEINE ZEIT ZUM KOCHEN

Nichts übertrifft die Freude, sein Essen aus gesunden Zutaten selbst zu kochen. Da sind die herrlichen Gerüche, das Abschmecken und dann den Genuss zu sehen, den man sich und anderen bringt. Nichts ist gastfreundlicher und einladender als ein Zuhause mit dem Geruch nach frisch gekochtem Essen. Selbst gekochtes Essen nährt die Seele ebenso wie den Körper.

Aber ich bin auch Realist. Ich weiß, dass Zeit und Energie kostbar sind, besonders unter der Woche. Deshalb gibt es hier Rezepte, die lecker schmecken und sehr schnell zubereitet sind.

Weiche Polenta mit Lauch und Gorgonzola

VORBEREITUNG 15 MIN. GARZEIT 20 MIN. FÜR 4 PERSONEN

500 g GEPUTZTER LAUCH, IN 5 cm LANGE STÜCKE GESCHNITTEN ▪ 250 g INSTANT-POLENTA

▪ 250 g GORGONZOLA, IN STÜCKE GEBROCHEN ▪ SALZ UND PFEFFER ▪ GUTES OLIVENÖL (NACH BELIEBEN)

UND GROB GEMAHLENER SCHWARZER PFEFFER ZUM SERVIEREN

1 Lauch in einen Topf geben, der zur Hälfte mit kochendem Wasser gefüllt ist. Abdecken und 8–10 Min. kochen, bis der Lauch sehr weich ist. Abgießen, das Wasser aufbewahren und den Lauch warm halten.

2 Die Kochflüssigkeit abmessen und wenn nötig mit Wasser auf 900 ml auffüllen. In einen großen Topf geben und aufkochen. Die Polenta langsam einstreuen, dabei die ganze Zeit mit einem Holzlöffel rühren. Etwa 1–2 Min. rühren, bis die Mischung dick und cremig ist und vom Herd nehmen.

3 Lauch und Gorgonzola unterrühren. Mit Salz und Pfeffer abschmecken, aber Vorsicht, der Käse ist ebenfalls salzig. Auf angewärmten Platten servieren und nach Wunsch etwas Olivenöl darübergießen und schwarzen Pfeffer darübermahlen.

Knusprig frittiertes Tempeh mit Zwiebelsauce

VORBEREITUNG 20 MIN.   GARZEIT 30 MIN.   FÜR 4 PERSONEN

2 STÜCKE TEMPEH à 200 g ▪ HELLES OLIVEN- ODER RAPSÖL ZUM ANBRATEN ▪ 2–4 EL SOJASAUCE

▪ ALS BEILAGE GEKOCHTER WEISS- ODER GRÜNKOHL

SAUCE   2 EL OLIVENÖL ▪ 2 ZWIEBELN, IN RINGE GESCHNITTEN ▪ 2 KNOBLAUCHZEHEN, ZERDRÜCKT

▪ 1 EL SPEISESTÄRKE ODER PFEILWURZMEHL ▪ 450 ml GEMÜSEBRÜHE ▪ 1 EL SOJASAUCE ▪ SALZ UND PFEFFER

1 Für die Sauce Olivenöl in einem großen Topf erhitzen und die Zwiebeln darin zugedeckt bei schwacher Hitze 15–20 Min. sehr weich dünsten, dabei leicht bräunen lassen. Wenn nötig zum Bräunen die Hitze für 1–2 Min. erhöhen.

2 Den Knoblauch 1–2 Min. mitdünsten, dann Stärke oder Pfeilwurz unterrühren. Unter ständigem Rühren die Brühe angießen und 2–3 Min. rühren, bis sie andickt. Vom Herd nehmen, die Sojasauce dazugeben, mit Salz und Pfeffer abschmecken. Beiseitestellen und vor dem Servieren nochmals erhitzen.

3 Tempeh in etwa 2,5 mm dicke Scheiben schneiden. Eine Pfanne erhitzen und den Boden mit Oliven- oder Rapsöl bedecken. Halten Sie einen Holzspieß in das Öl, wenn Bläschen aufsteigen, ist es heiß genug. Tempeh hineingeben und auf jeder Seite etwa 1 Min. braten, bis es knusprig und goldbraun ist.

4 Auf Küchenpapier abtropfen lassen, auf einen Teller legen, mit Sojasauce beträufeln. Mit der Zwiebelsauce sowie Weiß- oder Grünkohl servieren.

Sesamtofu mit Satésauce und Brokkoli

VORBEREITUNG 20 MIN.   GARZEIT 20 MIN.   FÜR 4 PERSONEN

500 g TOFU, ABGEGOSSEN ▪ 4 EL SOJASAUCE ▪ 2 EL GERÖSTETES SESAMÖL ▪ 2 EL SESAM ▪ 2 BROKKOLIKÖPFE à ETWA 350 g, GEPUTZT UND IN RÖSCHEN ZERTEILT

SATÉSAUCE   4 GEHÄUFTE EL ERDNUSSBUTTER (MIT ODER OHNE STÜCKCHEN) ▪ 400 ml KOKOSMILCH (s. S. 41) ▪ 2 KNOBLAUCHZEHEN, ZERDRÜCKT ▪ 2 TL FRISCH GERIEBENER INGWER ▪ ¼–½ TL GETROCKNETE ROTE CHILIFLOCKEN ▪ 2–3 TL BRAUNER ZUCKER ▪ ZUM GARNIEREN 4 EL GEHACKTE KORIANDERBLÄTTER

1 Tofu mit Küchenpapier trocken tupfen und in 5 mm dicke Streifen schneiden. In einer Schicht auf einen Teller legen, die Sojasauce darübergießen und Tofu wenden, damit er rundum mit der Sauce überzogen ist.

2 Sesamöl in einer Grillpfanne oder einem flachen Bräter unter dem heißen Grill erhitzen. Die Tofustreifen in einer Schicht hineinlegen und mit der Hälfte des Sesams bestreuen. Sofort umdrehen und den restlichen Sesam darüberstreuen.

3 Die Pfanne zurück unter den Grill stellen und 10 Min. grillen, bis der Tofu knusprig und gebräunt ist, dann umdrehen und die andere Seite grillen.

4 In der Zwischenzeit für die Sauce die Erdnussbutter in einen Topf geben und nach und nach die Kokosmilch unterrühren, bis eine glatte Sauce entstanden ist. Dann Knoblauch, Ingwer und Chili hinzufügen. Langsam erhitzen und mit Zucker abschmecken. Vom Herd nehmen und beiseitestellen.

5 Etwa 5–10 Min. bevor der Tofu fertig ist, 1 cm Wasser in einem großen Topf aufkochen. Den Brokkoli in 4–5 Min. darin gerade weich kochen und abgießen.

6 Brokkoli, Tofu und Satésauce auf den Tellern verteilen und mit Koriander bestreut servieren.

Laksa

VORBEREITUNG 15 MIN.   GARZEIT 20 MIN.   FÜR 4 PERSONEN

125 g REISNUDELN ▪ 2 EL ÖL ▪ 1 EL VEGETARISCHE THAI-CURRYPASTE ▪ 250 g SHIITAKE-PILZE, IN SCHEIBEN ▪ 1 ROTE CHILI, ENTKERNT UND IN RINGE GESCHNITTEN ▪ 400 ml KOKOSMILCH (s. S. 41) ▪ 600 ml WASSER ▪ 1 AUBERGINE ▪ 2 PAK CHOI, GEPUTZT UND HALBIERT ▪ 125 g BABY-MAISKOLBEN, DIAGONAL HALBIERT ▪ SALZ UND PFEFFER ▪ ZUM GARNIEREN 20 g KORIANDER, GROB GEHACKT

1 Nudeln in eine Schüssel geben und mit kochendem Wasser übergießen. 5–10 Min. quellen lassen und abgießen.

2 In einem großen Topf 1 EL Öl erhitzen, die Currypaste hinzugeben und einige Minuten anbraten, dann die Pilze und Chili dazugeben. Kokosmilch und Wasser dazugeben, die Hitze reduzieren, abdecken und 10–15 Min. köcheln lassen.

3 Die Aubergine in 7 mm dicke Scheiben schneiden und mit dem restlichen Öl bestreichen. In eine Grillpfanne geben und unter dem vorgeheizten Grill weich und braun grillen – etwa 7 Min. auf jeder Seite. Zum Abkühlen beiseitestellen, dann würfeln.

4 Pak Choi in kochendem Wasser in etwa 6 Min. weich kochen und abgießen.

5 Nudeln, Aubergine, Pak Choi und Mais zur Kokosmischung geben. Aufkochen und 1–2 Min. leicht köcheln lassen, um alles zu erhitzen und den Mais zu garen.

6 Mit Salz und Pfeffer abschmecken, in angewärmte Schalen geben und mit Koriander bestreut servieren.

Thai-Currypaste enthält oft Shrimpspaste. Lesen Sie deshalb genau die Zutatenliste, um herauszufinden, welche vegetarisch ist.

Bananencurry mit Cashewreis

VORBEREITUNG 25 MIN.   GARZEIT 30 MIN.   FÜR 4 PERSONEN

500 g KLEINE FRÜHKARTOFFELN, HALBIERT ▪ 2 EL OLIVENÖL ▪ 1 ZWIEBEL, GEHACKT ▪ 2 GRÜNE PAPRIKA, ENTKERNT UND GEHACKT ▪ 2 TL SENFSAMEN ▪ ½ TL KURKUMA ▪ 1 EL FRISCH GERIEBENER INGWER ▪ 4 KNOBLAUCHZEHEN, ZERDRÜCKT ▪ 5 g ODER EIN KLEINER BUND CURRYBLÄTTER ▪ 4 GROSSE, UNREIFE BANANEN, IN SCHEIBEN ▪ 300 ml WASSER ▪ 75 g KOKOSCREME, IN STÜCKE GESCHNITTEN ▪ 4 TL TAMARINDENPASTE ▪ SALZ UND PFEFFER

REIS   300 g BASMATIREIS ▪ 125 g GERÖSTETE CASHEWKERNE, GEHACKT

1 Zuerst den Reis kochen. Einen großen Topf Wasser aufkochen, den Reis hineingeben, wieder aufkochen und 15–20 Min. leicht köcheln lassen, bis der Reis gerade weich ist. In ein Sieb abgießen, mit kochendem Wasser abspülen, gut abtropfen lassen und zurück in den Topf geben. Bei ganz schwacher Hitze warm halten.

2 Für das Curry die Kartoffeln in einem Topf mit Wasser bedecken, aufkochen und in 10–15 Min. gerade weich kochen, dann abgießen.

3 In der Zwischenzeit Olivenöl in einem großen, schweren Topf erhitzen, Zwiebeln und Paprika hineingeben, abdecken und bei schwacher Hitze 10 Min. braten, dabei gelegentlich umrühren.

4 Senfsamen hinzufügen und 1–2 Min. anbraten, bis diese zu knacken beginnen. Dann Kurkuma, Ingwer, Knoblauch und Curryblätter hinzufügen und weitere 1–2 Min. braten.

5 Die abgegossenen Kartoffeln und die Bananen dazugeben, dann Wasser, Kokoscreme und Tamarindenpaste einrühren. Aufkochen und 5–10 Min. sanft köcheln lassen, bis die Sauce dick ist und die Aromen sich verbunden haben. Mit Salz und Pfeffer abschmecken.

6 Cashewkerne mit einer Gabel unter den Reis rühren und den Reis mit Curry auf angewärmten Tellern servieren.

Ich liebe dieses milde, süßliche Curry, denn es ist so schnell zubereitet. Statt Bananen kann man auch 2–3 Kochbananen verwenden, aber diese müssen einige Minuten länger garen.

Tagliatelle mit cremiger Spinat-Muskatnuss-Sauce

VORBEREITUNG 15 MIN.   GARZEIT 20 MIN.   FÜR 4 PERSONEN

500 g TAGLIATELLE ▪ 500 g GEPUTZTE SPINATBLÄTTER ▪ 25 g BUTTER ▪ 2 EL OLIVENÖL ▪ 1 ZWIEBEL, FEIN GEHACKT ▪ 2 KNOBLAUCHZEHEN, GEHACKT ▪ 2 TL STÄRKE ▪ 300 ml SAHNE ▪ FRISCH GERIEBENE MUSKATNUSS ▪ SALZ UND PFEFFER ▪ GERIEBENER PARMESAN ZUM SERVIEREN (NACH BELIEBEN)

1 Einen großen Topf Wasser aufkochen, die Nudeln hineingeben und nach Packungsanleitung garen.

2 Den Spinat mit kaltem Wasser abspülen und in einem großen Topf ohne zusätzliches Wasser auf großer Hitze 3–4 Min. kochen, bis er gerade gar ist. Gut abtropfen lassen, dabei das Kochwasser auffangen und mit Wasser auf 150 ml auffüllen.

3 Butter und 1 EL Olivenöl in einem großen, schweren Topf erhitzen, die Zwiebel dazugeben, abdecken und bei schwacher Hitze 10 Min. dünsten, dabei gelegentlich umrühren. Knoblauch unterrühren und weitere 1–2 Min. dünsten.

4 Die Stärke einrühren, dann das Spinatwasser dazugeben und auf großer Hitze 1–2 Min. rühren, bis die Sauce andickt. Spinat und Sahne dazugeben, großzügig Muskatnuss hineinreiben und mit Salz und Pfeffer abschmecken.

5 Die Tagliatelle abgießen und mit dem restlichen Olivenöl in den Topf zurückgeben. Entweder die Sauce im Topf mit den Nudeln vermischen oder die Nudeln auf angewärmte Teller geben und die Sauce darüberlöffeln. Den Parmesan separat dazu reichen.

Spaghetti mit Oliven-Tomaten-Sauce

VORBEREITUNG 15 MIN.   GARZEIT 30 MIN.   FÜR 4 PERSONEN

2 EL OLIVENÖL ▪ 1 ZWIEBEL, FEIN GEHACKT ▪ 2 KNOBLAUCHZEHEN, GEHACKT ▪ 800 g TOMATENSTÜCKE AUS DER DOSE ▪ 250 ml ROTWEIN ▪ 400 g SPAGHETTI ▪ 50–125 g SCHWARZE KALAMATA-OLIVEN, ENTSTEINT UND GROB GEHACKT ▪ SALZ UND PFEFFER ▪ GEHOBELTEN PARMESAN ZUM SERVIEREN (NACH BELIEBEN)

1 In einem großen, schweren Topf 1 EL Olivenöl erhitzen und die Zwiebel darin 10 Min. andünsten, dabei gelegentlich umrühren. Den Knoblauch unterrühren und weitere 1–2 Min. dünsten.

2 Tomaten und Wein dazugeben, aufkochen und ohne Deckel unter gelegentlichem Rühren 20 Min. köcheln lassen, bis die Sauce sehr dick ist.

3 In der Zwischenzeit einen großen Topf Wasser aufkochen, die Nudeln hineingeben und nach Packungsanleitung gar kochen.

4 Die Sauce mit einem Pürierstab oder in der Küchenmaschine pürieren, die Oliven unterrühren, mit Salz und Pfeffer abschmecken und wieder erhitzen.

5 Spaghetti abgießen und mit dem restlichen Olivenöl in den Topf zurückgeben. Entweder im Topf mit der Sauce vermischen oder die Spaghetti auf angewärmte Teller geben und die Sauce darüberlöffeln. Den Parmesan separat dazu reichen.

Rösti mit Apfelmus

VORBEREITUNG 15 MIN.   GARZEIT 20 MIN.   FÜR 4 PERSONEN

1,1 kg BACKKARTOFFELN, GESCHRUBBT, ABER NICHT GESCHÄLT ▪ 1 KLEINE ZWIEBEL ▪ 1 EL GEHACKTER
ROSMARIN ▪ 4 EL OLIVENÖL ▪ SALZ UND PFEFFER ▪ ROSMARINZWEIGE ZUM GARNIEREN

APFELMUS   500 g COX-ÄPFEL, GESCHÄLT, ENTKERNT UND IN SCHEIBEN GESCHNITTEN ▪ 2 EL WASSER ▪ ZUCKER
NACH GESCHMACK

1 Kartoffeln und Zwiebel auf einer mittleren Reibe reiben. Mit Rosmarin vermischen und mit Salz und Pfeffer abschmecken.

2 In einer Bratpfanne von 28 cm ø 2 EL Olivenöl erhitzen. Die Kartoffelmischung hineingeben und fest drücken. Etwa 8 Min. braten, bis die Unterseite knusprig und goldbraun ist. Rösti auf einen Teller gleiten lassen, einen zweiten Teller darauflegen und umdrehen. Das restliche Öl in der Pfanne erhitzen und das Rösti wieder hineingleiten lassen. Die zweite Seite nun ebenfalls 8 Min. braten.

3 In der Zwischenzeit das Apfelmus zubereiten. Die Äpfel mit Wasser in einen Topf geben, aufkochen und abgedeckt etwa 5–10 Min. köcheln lassen, bis sie auseinander fallen. Mit einem Holzlöffel leicht zerdrücken und mit Zucker abschmecken.

4 Das Rösti aus der Pfanne auf eine Platte gleiten lassen und mit Rosmarinzweigen garnieren. In breiten Spalten mit Apfelmus servieren.

Eine herrliche Kombination: ein knuspriges, unwiderstehliches Rösti und süßes Apfelmus. Dazu passt ein Salat aus gehobeltem Weißkohl und Karotten mit einer Vinaigrette.

Blumenkohl mit cremiger Dreikäsesauce und Walnüssen

VORBEREITUNG 15 MIN.   GARZEIT 20 MIN.   FÜR 4 PERSONEN

1 BLUMENKOHL, GEPUTZT UND IN 1 cm GROSSE WÜRFEL GESCHNITTEN ▪ 300 g FRISCHKÄSE

▪ 1 TL DIJONSENF ▪ 125 g BLAUSCHIMMELKÄSE, ZERBRÖSELT ▪ 25 g WALNÜSSE, GROB GEHACKT

▪ 50 g CHEDDAR, GERIEBEN ▪ SALZ UND PFEFFER ▪ ALS BEILAGE BRUNNENKRESSESALAT

1 In einen Topf 5 cm Wasser einfüllen und aufkochen, den Blumenkohl hineingeben und in etwa 8 Min. weich kochen. Abgießen und zurück in den Topf geben.

2 Frischkäse und Senf mit dem Blumenkohl mischen, dann den Blauschimmelkäse unterrühren. Mit wenig Salz (wenn nötig) und viel Pfeffer abschmecken.

3 Die Mischung in eine flache Auflaufform geben. Mit Walnüssen bestreuen und mit dem Cheddar bedecken (dadurch verbrennen die Walnüsse nicht). Unter dem vorgeheizten Ofengrill etwa 10–15 Min. gratinieren, bis die Oberfläche goldbraun und das Innere heiß und blubbernd ist. Sofort mit Brunnenkressesalat servieren.

Frittata mit gegrillten Artischockenherzen und Basilikum

VORBEREITUNG 10 MIN. GARZEIT 15 MIN. FÜR 4 PERSONEN

600 g GEGRILLTE HALBIERTE ARTISCHOCKENHERZEN IN ÖL AUS DEM GLAS ▪ 225 g GRUYÈRE ODER EMMENTALER, GERIEBEN ▪ 8 EIER, VERSCHLAGEN ▪ SALZ UND PFEFFER ▪ EINE HANDVOLL BASILIKUM, GROB GEHACKT

1 Die Artischockenherzen abtropfen lassen, das Öl aber aufbewahren. Davon 2 EL in einer ofenfesten Pfanne mit 28 cm ø oder in einer Gratinform erhitzen.

2 Die Artischockenherzen in einer Lage in eine ofenfeste Pfanne geben, mit der Hälfte des Käses bestreuen und gleichmäßig die Eier darübergießen. Mit Salz und Pfeffer würzen und Basilikum und restlichen Käse darüberstreuen.

3 Die Pfanne auf mittlere Flamme erhitzen, einen Teller oder Deckel darauflegen und etwa 5 Min. garen, bis der Boden fest ist und zu bräunen beginnt. Währenddessen den Ofengrill sehr heiß werden lassen.

4 Den Deckel von der Pfanne nehmen und unter dem Grill 10 Min. garen, bis die Oberseite der Frittata gebräunt und die Mitte gestockt ist. Sofort servieren.

Wenn gegrillte Artischockenherzen nicht erhältlich sind, kann man auch andere halbierte Artischockenherzen in Öl verwenden. Übrig gebliebene Frittata schmeckt auch kalt lecker, z. B. mit Zitronenmayonnaise und einem knackigen Blattsalat.

Rucola-Avocado-Salat mit Pinienkernen

VORBEREITUNG 10 MIN.   FÜR 4 PERSONEN

1 EL BALSAMICOESSIG ▪ 2 EL OLIVENÖL ▪ SCHWARZER PFEFFER ▪ 8 SONNENGETROCKNETE TOMATEN, GEHACKT ▪ 50 g ROSINEN ▪ 250 g RUCOLASALAT ▪ 250 g PECORINO, GEHOBELT ODER IN DÜNNE SCHEIBEN GESCHNITTEN ▪ 25 g PINIENKERNE, LEICHT ANGERÖSTET ▪ 1 GROSSE AVOCADO, GESCHÄLT, ENTSTEINT UND IN STÜCKE GESCHNITTEN ▪ WARMES KNUSPRIGES BROT ZUM SERVIEREN

1 Balsamicoessig, Olivenöl und schwarzen Pfeffer nach Geschmack in einer Schüssel mit einem Löffel verschlagen, bis sie sich verbunden haben.

2 Tomaten, Rosinen, Rucola, Pecorino, Pinienkerne und Avocado in die Schüssel geben und alles gut vermischen. Mit warmem, knusprigem Brot servieren.

Frisches, warmes Walnuss- oder Roggenbrot passt besonders gut zu diesem leckeren Sommersalat.

Himbeer-Trifles mit Mascarpone und Amarettini

VORBEREITUNG 15 MIN.   FÜR 4 PERSONEN

275 g AMARETTINIKEKSE, GROB ZERDRÜCKT ▪ 5 EL AMARETTOLIKÖR ODER ORANGENSAFT

▪ 275 g HIMBEEREN ▪ 500 g MASCARPONE ▪ 25 g GERÖSTETE MANDELBLÄTTCHEN

1 Amarettini auf vier Glasschalen verteilen (oder in eine größere Glasschüssel geben). Amaretto oder Saft darüberträufeln und die Himbeeren gleichmäßig darauf verteilen.

2 Den Mascarpone mit einer Gabel weich schlagen, dann auf die Himbeeren geben und glatt verstreichen. Vor dem Servieren mit Mandelblättchen bestreuen.

Mango-Kardamom-Pistazien-Creme

VORBEREITUNG 15 MIN.   FÜR 4 PERSONEN

½ TL KARDAMOMKAPSELN ▪ 1 GROSSE REIFE MANGO ▪ 300 ml SCHLAGSAHNE ODER CRÈME DOUBLE

▪ 2 EL GESCHÄLTE UND HALBIERTE PISTAZIEN

1 Die Kardamomkapseln mit Mörser und Stößel zermahlen und die äußeren harten Schalen entfernen. Alternativ mit einem Nudelholz auf einem Brett arbeiten.

2 An beiden Seiten der Mango das Fruchtfleisch vom flachen Kern abschneiden. Schälen und das Fruchtfleisch in größere Würfel schneiden. So viel Fruchtfleisch wie möglich vom Kern abschneiden. Fruchtfleisch mit Kardamom in den Mixer geben und pürieren.

3 Sahne steif schlagen und vorsichtig unter das Püree heben, aber nicht zu gründlich arbeiten, damit ein schöner Marmoreffekt entsteht. Die Mischung auf vier Gläser verteilen und mit Pistazien bestreuen.

Dieses Dessert schmeckt herrlich. Wenn Sie eine fettärmere Version bevorzugen, verwenden Sie griechischen Joghurt oder mischen Sie Joghurt und Sahne.

Ahornsirup-Pudding aus der Mikrowelle

VORBEREITUNG 20 MIN. PLUS RUHEZEIT   GARZEIT 10 MIN.   FÜR 4 PERSONEN

175 g WEICHE BUTTER ▪ 175 g ZUCKER ▪ 6 EL MILCH ODER MILCH UND WASSER GEMISCHT ▪ 175 g MEHL

▪ 1 PÄCKCHEN BACKPULVER ▪ 3 EIER ▪ 5 EL AHORNSIRUP, PLUS MEHR ZUM SERVIEREN (NACH BELIEBEN)

▪ GERÖSTETE, GEHACKTE WALNÜSSE ZUM GARNIEREN

1 Butter, Zucker, Milch, Mehl, Back-pulver, Eier und 1 EL Ahornsirup im Mixer cremig mixen. Alternativ in einer Schüssel mit dem Handrührgerät oder einem Holzlöffel cremig aufschlagen.

2 Den restlichen Ahornsirup in eine leicht gefettete Mikrowellen-Puddingform (1,2 l Inhalt) geben und den Teig darüber verteilen.

3 Ohne Deckel in der Mikrowelle garen, bis der Teig aufgegangen ist und ein hineingestochener Spieß sauber heraus-kommt. Das dauert in meiner Mikrowelle bei 650 Watt etwa 10 Min. Man kann den Pudding einige Minuten garen und dann nachsehen, wie weit er ist – das schadet ihm nicht.

4 Einige Minuten ruhen lassen, dann auf eine angewärmte Platte stürzen, sodass der Sirup obenauf ist. Mit Walnüssen garnieren und nach Wunsch mit mehr Ahornsirup servieren.

Ab und zu braucht man eine echte Belohnung und es macht Spaß, in der Mikrowelle etwas „Richtiges" zu kochen. Ich mag dieses Dessert an trüben Wintertagen, z. B. sonntags zum Mittagessen. Es geht so schnell, dass man es ganz spontan zubereiten kann.

Keine Mikrowelle?
Wenn man keine Mikrowelle hat, kann man den Pudding auch dämpfen; dann aber die Milch weglassen. Ein Stück Alufolie falten, auf die Schüssel legen und mit einer Schnur oder einem Gummiband befestigen – oder, noch einfacher, eine Plastikschüssel mit Deckel verwenden. Die Schüssel in einen Dämpfer über einen Topf mit kochendem Wasser geben und 1 ½ Std. dämpfen. Dabei gelegentlich den Wasserstand überprüfen und kochendes Wasser nachfüllen, wenn nötig.

SCHLANK FÜRS LEBEN

Mein Ziel für dieses Kapitel waren luxuriöse, anregende Gerichte, die Ihnen helfen abzunehmen oder Ihr Gewicht zu halten, ohne dass Sie das Gefühl haben, auf etwas verzichten zu müssen.

Ich habe einige leckere alltägliche Gerichte aufgenommen wie *Gemüsesuppe mit Bohnen, Limabohnen-Kräuter-Püree mit Pak Choi* und *Feigen in Vanille pochiert* – sie sind einfach zuzubereiten und machen satt. Daneben gibt es aber auch einige raffiniertere Gerichte wie *Grünes Risotto mit Spinat, Erbsen, Kräutern und Feuerbohnen, Omelette-Canneloni mit Spinatfüllung* und *Cappuccinobaisers* für besondere Gelegenheiten oder liebe Gäste.

Karottensuppe mit Kümmel

VORBEREITUNG 15 MIN.   GARZEIT 40 MIN.   FÜR 4 PERSONEN

1 EL OLIVENÖL ▪ 1 ZWIEBEL, GEHACKT ▪ 1 BACKKARTOFFEL, GESCHÄLT UND IN 1 cm GROSSE WÜRFEL

GESCHNITTEN ▪ 500 g KAROTTEN, GESCHABT UND IN SCHEIBEN GESCHNITTEN ▪ 2–3 STREIFEN

ZITRONENSCHALE ▪ 1 TL KÜMMEL ▪ 1,2 l WASSER ODER LEICHTE GEMÜSEBRÜHE ▪ SALZ UND PFEFFER

▪ ZUM SERVIEREN FRISCHKÄSE, NATURJOGHURT ODER FETTREDUZIERTE CRÈME FRAÎCHE (NACH BELIEBEN),

GROB GEMAHLENER SCHWARZER PFEFFER UND GEHACKTE GLATTE PETERSILIE

1 Olivenöl in einem großen Topf erhitzen, die Zwiebel hineingeben und zugedeckt 5 Min. glasig dünsten. Gelegentlich umrühren, dabei nicht bräunen lassen.

2 Die Kartoffel hinzufügen und zugedeckt weitere 5 Min. dünsten, dann Karotten, Zitronenschale und Kümmel dazugeben. Gut umrühren und Wasser oder Brühe angießen. Aufkochen, abdecken und 30 Min. köcheln lassen, bis die Karotten sehr weich sind.

3 Suppe im Mixer oder mit dem Pürierstab pürieren und in den Topf zurückgeben. Mit viel Salz und wenig Pfeffer abschmecken und vor dem Servieren wieder erhitzen.

4 In Suppenschalen geben und nach Wunsch einen Klecks Frischkäse, Joghurt oder Crème fraîche hineingeben. Etwas Pfeffer grob darübermahlen und mit Petersilie bestreut servieren.

Kümmel stammt aus derselben Pflanzenfamilie wie Karotten und gibt dieser Suppe einen subtilen, aber ganz besonderen Geschmack. Er verdient es, öfter verwendet zu werden, z. B. in gekochten Karotten mit Butter oder für Rote Bete.

Gemüsesuppe mit Bohnen

VORBEREITUNG 15 MIN.   GARZEIT 45 MIN.   FÜR 4 PERSONEN

1 EL OLIVENÖL ▪ 2 ZWIEBELN, GEHACKT ▪ 250 g KAROTTEN, IN 1 cm GROSSE WÜRFEL GESCHNITTEN ▪ 250 g PASTINAKEN, IN 1 cm GROSSE WÜRFEL GESCHNITTEN ▪ 250 g LAUCH, IN SCHEIBEN ▪ 250 g KOHL, FEIN GEHACKT ▪ EINIGE THYMIANZWEIGE ▪ 2 LORBEERBLÄTTER ▪ 410 g WEISSE BOHNEN AUS DER DOSE ▪ 1,2 l GEMÜSEBRÜHE ▪ SALZ UND PFEFFER ▪ ZUM GARNIEREN GEHACKTE PETERSILIE ▪ ZUM SERVIEREN VOLLKORNBROT UND GERIEBENER KÄSE (NACH BELIEBEN)

1 Olivenöl in einem großen Topf erhitzen und die Zwiebeln darin 5 Min. andünsten. Karotten, Pastinaken, Lauch, Kohl, Thymian und Lorbeerblätter dazugeben und umrühren, bis alles mit Öl überzogen ist. Abdecken und auf schwacher Hitze 10 Min. dünsten.

2 Bohnen und Gemüsebrühe hinzufügen, aufkochen, abdecken und bei schwacher Hitze 30 Min. köcheln lassen. Mit Salz und Pfeffer würzen und mit Petersilie bestreut in angewärmten Schüsseln servieren. Nach Wunsch Vollkornbrot und geriebenen Käse dazu reichen.

Es gibt unzählige Varianten dieser mediterranen Suppe. Sie ist einfach zuzubereiten und sehr gesund. Sie können auch andere Gemüse dafür verwenden oder Suppennudeln hinzufügen.

Würziges Okragemüse mit roten Zwiebeln, Senfsamen und Naturreis

VORBEREITUNG 20 MIN.   GARZEIT 30 MIN.   FÜR 4 PERSONEN

1 EL OLIVENÖL ▪ 2 ROTE ZWIEBELN, IN SCHEIBEN ▪ 4 KNOBLAUCHZEHEN, GEHACKT ▪ 4 TL GEMAHLENER
KORIANDER ▪ ½ TL KURKUMA ▪ 1 TL SENFSAMEN ▪ 500 g OKRA, GEPUTZT UND IN 2,5 cm LANGE STÜCKE
GESCHNITTEN ▪ 400 g TOMATENSTÜCKE AUS DER DOSE ▪ ½ TL GARAM MASALA ▪ SALZ, PFEFFER UND
ZUCKER ▪ KORIANDERBLÄTTER ZUM GARNIEREN
REIS   250 g BASMATI-NATURREIS ▪ 600 ml WASSER

1 Reis und Wasser in einem Topf mit schwerem Boden aufkochen. Abdecken, Hitze reduzieren und etwa 20 Min. sanft köcheln lassen. Vom Herd nehmen und bis zum Servieren abgedeckt beiseitestellen.

2 Für das Gemüse Öl in einem großen Topf erhitzen, die Zwiebeln darin abgedeckt in 10–15 Min. weich dünsten. Knoblauch, gemahlenen Koriander, Kurkuma und Senfsamen dazugeben und einige Sekunden anbraten, bis sie aromatisch duften.

3 Die Okra hinzufügen und umrühren, dann die Tomaten dazugeben. Abdecken und 15–20 Min. sanft köcheln lassen, bis die Okra ganz weich ist.

4 Garam Masala unterrühren und mit Salz, Pfeffer und einer Prise Zucker abschmecken. Mit frischem Koriander bestreut auf dem Reis servieren.

Limabohnen-Kräuter-Püree mit Pak Choi

VORBEREITUNG 15 MIN.   GARZEIT 10 MIN.   FÜR 4 PERSONEN

800 g LIMABOHNEN AUS DER DOSE ▪ 2 KNOBLAUCHZEHEN ▪ 1–2 EL FRISCH GEPRESSTER ZITRONENSAFT

▪ 4 FRÜHLINGSZWIEBELN, GEHACKT ▪ 2 EL GEHACKTE PETERSILIE ▪ SALZ UND PFEFFER

PAK CHOI   500 g PAK CHOI ODER ANDERER ASIATISCHER KOHL, GROSSE STÜCKE HALBIERT ODER GEVIERTELT

▪ 1 EL SOJASAUCE ▪ 1 EL ZITRONENSAFT ▪ 1 EL SESAMÖL ▪ 1 EL GERÖSTETER SESAM

1 Limabohnen abgießen, die Flüssigkeit aber aufbewahren. Bohnen je nach Geschmack grob mit einer Gabel oder dem Kartoffelstampfer zerdrücken oder im Mixer glatt pürieren.

2 Mit Knoblauch, Zitronensaft, Frühlingszwiebeln, Petersilie und etwas Flüssigkeit aus den Dosen verrühren, bis die Mischung die Konsistenz von Kartoffelpüree hat. Mit Salz und Pfeffer abschmecken, vorsichtig erhitzen und warm halten.

3 In einem großen Topf 2,5 cm Wasser einfüllen und aufkochen, dann den Pak Choi oder den anderen Kohl hineingeben. Abdecken und 2–6 Min. kochen, bis der Kohl gerade weich ist – die Zeit hängt von der Art des Kohls und der Größe der Stücke ab. In ein Sieb abgießen und zurück in den Topf geben.

4 Sojasauce, Zitronensaft, Sesamöl und Sesam dazugeben und gut vermischen. Mit dem warmen Bohnenpüree servieren.

Linsen mit Pilzen, Knoblauch und Rotwein

VORBEREITUNG 15 MIN.   GARZEIT 30 MIN.   FÜR 4 PERSONEN

1 EL OLIVENÖL ▪ 2 ZWIEBELN, GEHACKT ▪ 4 KNOBLAUCHZEHEN, FEIN GEHACKT

▪ 8 GRÖSSERE CHAMPIGNONS ▪ 2 TOMATEN, GEHACKT ▪ EINIGE THYMIANZWEIGE ▪ 2 LORBEERBLÄTTER

▪ 410 g GRÜNE LINSEN AUS DER DOSE ▪ 250 ml ROTWEIN ▪ 2 TL DIJONSENF ▪ SALZ UND PFEFFER

▪ GEHACKTE PETERSILIE ZUM GARNIEREN

1 Olivenöl in einem großen Topf erhitzen, die Zwiebeln hineingeben und abgedeckt 5 Min. andünsten. Knoblauch, Pilze, Tomaten und Kräuter dazugeben und rühren, bis sie leicht mit Öl überzogen sind. Abdecken und weitere 10 Min. dünsten.

2 Die Linsen mit der Flüssigkeit und dem Wein aufkochen, dann abdecken und bei schwacher Hitze 30 Min. köcheln lassen.

3 Senf in eine Schüssel geben, etwas Kochflüssigkeit aus dem Topf dazugeben und glatt verrühren, in den Topf geben und unterrühren. Mit Salz und Pfeffer abschmecken und mit Petersilie garniert sofort servieren.

Dazu passt Kartoffelpüree, für eine kalorienärmere Version Blumenkohlpüree (s. S. 99), oder viel kurz gekochter Kohl. Statt grünen Linsen kann man auch Berglinsen verwenden.

Grünes Risotto mit Spinat, Erbsen, Kräutern und Feuerbohnen

VORBEREITUNG 30 MIN. PLUS RUHEZEIT   GARZEIT 35 MIN.   FÜR 4 PERSONEN

1 EL OLIVENÖL ▪ 1 ZWIEBEL, GEHACKT ▪ 1 SELLERIESTANGE, FEIN GEHACKT ▪ 125 g FEUERBOHNEN, GEPUTZT UND IN 2,5 cm LANGE STÜCKE GESCHNITTEN ▪ 1 TL GEKÖRNTE GEMÜSEBRÜHE ODER 1 SUPPENWÜRFEL ▪ 1 GROSSE KNOBLAUCHZEHE, ZERDRÜCKT ▪ 400 g RISOTTOREIS ▪ 250 ml WEISSWEIN ▪ 125 g JUNGE SPINATBLÄTTER ▪ 125 g FRISCHE ODER TIEFGEKÜHLTE ERBSEN ▪ 3–4 EL GEHACKTE KRÄUTER – PETERSILIE, MINZE, DILL, SCHNITTLAUCH ODER WAS SONST ERHÄLTLICH IST ▪ SALZ UND PFEFFER ▪ GERIEBENER ODER GEHOBELTER PARMESAN ZUM SERVIEREN (NACH BELIEBEN)

1 Olivenöl in einem großen Topf erhitzen. Zwiebel und Sellerie darin 7 Min. dünsten.

2 In der Zwischenzeit Feuerbohnen mit Wasser bedeckt in 4–5 Min. gerade weich kochen. Abgießen und beiseitestellen, die Kochflüssigkeit aufbewahren. Mit Wasser auf 1,2 l auffüllen und die gekörnte Brühe dazugeben. Aufkochen und warm halten.

3 Knoblauch und Reis zu der Zwiebel-Sellerie-Mischung geben. Die Hälfte des Weins dazugeben und unter Rühren kochen, bis er verdampft ist. Mit dem restlichen Wein ebenso verfahren. Gießen Sie einen Schöpflöffel von der heißen Brühe zu – und lassen Sie die Flüssigkeit unter Rühren verdampfen. Fahren Sie auf diese Weise fort, bis die Brühe fast aufgebraucht ist.

4 Wenn der Reis nach 25 Min. weich und die Brühe fast aufgebraucht ist, Spinat, Bohnen, Erbsen und Kräuter dazugeben und abgedeckt 5 Min. stehen lassen, bis der Spinat gar ist.

5 Mit Salz und Pfeffer abschmecken und sofort mit Parmesan servieren.

Kaum zu glauben, dass dieses leckere Risotto fettarm ist.

Dazu passen im Ofen geröstete Tomaten.

Kohl-Tagliatelle
mit Frischkäse-Kräuter-Knoblauch-Sauce

VORBEREITUNG 10 MIN.   GARZEIT 10 MIN.   FÜR 4 PERSONEN

1 kg KRÄFTIGER HELLGRÜNER KOHL, DER HARTE KERN ENTFERNT UND DIE BLÄTTER WIE TAGLIATELLE IN LANGE STREIFEN GESCHNITTEN ▪ 250 g FETTARMER FRISCHKÄSE ▪ 2 KNOBLAUCHZEHEN, ZERDRÜCKT ▪ 4 EL GEHACKTE PETERSILIE UND SCHNITTLAUCH ▪ ABGERIEBENE SCHALE VON 1 ZITRONE ▪ SALZ UND PFEFFER ▪ GEHOBELTER ODER GERIEBENER PARMESAN ZUM SERVIEREN (NACH BELIEBEN)

1 Einen großen Topf zur Hälfte mit Wasser füllen und aufkochen. Den Kohl darin ohne Deckel in 5–6 Min. weich kochen. Abgießen und zurück in den Topf geben.

2 Frischkäse mit Knoblauch, Kräutern, Zitronenschale und etwas Salz und Pfeffer nach Geschmack in den Topf geben. Gut vermischen und auf angewärmten Tellern nach Wunsch mit etwas Parmesan servieren.

Eier in Kokossauce mit Blumenkohlreis

VORBEREITUNG 20 MIN.   GARZEIT 15 MIN.   FÜR 4 PERSONEN

1 EL OLIVENÖL ▪ 1 KLEINE ZWIEBEL, FEIN GEHACKT ▪ 1 KLEINE GRÜNE CHILI, ENTKERNT UND IN STREIFEN GESCHNITTEN ▪ 2 KNOBLAUCHZEHEN, ZERDRÜCKT ▪ 2 TL FRISCH GERIEBENER INGWER ▪ 2 TOMATEN, GEHACKT ▪ 2 TL KORIANDERSAMEN ▪ 4 KARDAMOMKAPSELN ▪ 400 ml KOKOSMILCH (s. S. 41) ▪ 3 EL FRISCHER GEHACKTER KORIANDER PLUS ETWAS ZUM GARNIEREN ▪ 8 HART GEKOCHTE EIER, HALBIERT

BLUMENKOHLREIS   1 BLUMENKOHL, GEPUTZT UND IN RÖSCHEN ZERTEILT ▪ SALZ UND PFEFFER

1 Olivenöl in einem Topf erhitzen, die Zwiebel darin 5 Min. andünsten und Chili, Knoblauch, Ingwer und Tomaten hinzufügen. Umrühren und weitere 2−3 Min. garen.

2 Koriander und Kardamom in der Kaffeemühle oder mit Mörser und Stößel zermahlen und zur Zwiebelmischung geben. Einige Sekunden rühren, dann die Kokosmilch dazugeben und bei schwacher Hitze 2−3 Min. köcheln lassen. Den gehackten Koriander dazugeben und mit Salz und Pfeffer abschmecken.

3 Die hart gekochten Eier vorsichtig in die Sauce legen und die Sauce darüberlöffeln. Abgedeckt bei schwacher Hitze stehen lassen, während man den Blumenkohl zubereitet.

4 Etwa 5 cm Wasser in einem großen Topf aufkochen. Blumenkohl hineingeben, wieder aufkochen, abdecken und 4 Min. kochen lassen, bis der Blumenkohl gerade weich ist. Abgießen und abtropfen lassen.

5 Blumenkohl im Mixer mit etwas Salz und Pfeffer zu einer körnigen Textur zermahlen, die gekochtem Reis ähnelt. Nicht zu fein pürieren! Zurück in den Topf geben und vorsichtig erhitzen, dabei rühren damit es nicht anhängt. Das Eiercurry mit dem restlichen Koriander garnieren und mit dem Blumenkohlreis servieren.

Omelette-Cannelloni mit Spinatfüllung

VORBEREITUNG 20 MIN.   GARZEIT 40 MIN.   FÜR 4 PERSONEN

750 g SPINAT, GEWASCHEN ▪ 125 g FETTARMER WEICHER FRISCHKÄSE ▪ 8 EL FRISCH GERIEBENER

PARMESAN ▪ GERIEBENE MUSKATNUSS ▪ 4 EIER ▪ 2 EL WASSER ▪ 1 EL OLIVENÖL ▪ SALZ UND PFEFFER

1 Den frisch gewaschenen, tropfnassen Spinat in einen großen Topf geben und ohne zusätzliches Wasser abgedeckt in 6–7 Min. garen. Gut abtropfen lassen.

2 Frischkäse und 4 EL Parmesan unter den Spinat rühren und mit Salz, Pfeffer und Muskatnuss abschmecken. Beiseitestellen.

3 Eier mit Wasser mischen und mit Salz und Pfeffer abschmecken. Eine Pfanne (möglichst antihaftbeschichtet) mit etwas Öl einpinseln und etwa 2 EL Ei für ein kleines Omelette hineingeben. Einige Sek. garen, bis es gestockt ist, dann auf einen Teller heben. Fortfahren, bis etwa 8 kleine Omelettes entstanden sind.

4 Etwas Spinatmischung auf den Rand eines Omelettes geben, aufrollen und in eine flache Auflaufform legen. Die restlichen Omelettes genauso füllen, bis der gesamte Spinat aufgebraucht ist. Alle eng nebeneinander in der Form platzieren. Mit dem restlichen Parmesan bestreuen und im vorgeheizten Ofen bei 190 °C (Gas Stufe 5) etwa 25 Min. backen, bis die Füllung blubbert und der Parmesan goldbraun ist.

Dieses Gericht ist köstlich – und wunderbar zum Abnehmen, egal ob man an den Kalorien oder den Kohlenhydraten sparen will.

Linsen-Zwiebel-Kastanien-Brot mit Sherrysauce

VORBEREITUNG 20 MIN.   GARZEIT 1 STD. 20 MIN.   FÜR 4 PERSONEN

125 g GESPALTENE ROTE LINSEN ▪ 300 ml WASSER ▪ 1 LORBEERBLATT ▪ 1 TL OLIVENÖL

▪ 1 ZWIEBEL, GEHACKT ▪ 3 KNOBLAUCHZEHEN, GEHACKT ▪ 1 SELLERIESTANGE, GEHACKT

▪ 2 TOMATEN, GEHACKT ▪ 240 g VAKUUMVERPACKTE KASTANIEN ▪ 1 TL SOJASAUCE ▪ SALZ UND PFEFFER

SAUCE   600 ml WASSER ▪ 1 EL VEGETARISCHE GEKÖRNTE BRÜHE ▪ 3 EL SOJASAUCE

▪ 1 ½ EL ROTES JOHANNISBEERGELEE ▪ 1 EL STÄRKE ▪ 1 ½ EL ORANGENSAFT ▪ 1 ½ EL SHERRY

▪ SALZ UND PFEFFER

1 Eine Kastenform für 500 g Inhalt mit einem Streifen Backpapier so auskleiden, dass der Boden und die kurzen Seiten bedeckt sind.

2 Rote Linsen mit Wasser und Lorbeerblatt in einen Topf geben. Aufkochen, die Hitze reduzieren und 15–20 Min. köcheln lassen, bis die Linsen weich sind und das Wasser vollständig aufgenommen wurde.

3 In der Zwischenzeit Öl in einem Topf erhitzen und die Zwiebel darin unter Rühren 10 Min. anbraten. Vom Herd nehmen und mit Knoblauch, Sellerie, Tomaten, Kastanien, Sojasauce und etwas Salz und Pfeffer zu den Linsen geben.

4 Die Linsenmischung in die Form geben, festdrücken und glatt streichen. Im vorgeheizten Ofen bei 200 °C (Gas Stufe 6) 1 Std. backen, bis das Brot fest ist.

5 Währenddessen die Sauce zubereiten. Wasser, gekörnte Brühe, Sojasauce und Johannisbeergelee in einen Topf geben und aufkochen. Stärke mit Orangensaft und Sherry glatt rühren. Ein wenig der heißen Mischung unter die Stärke rühren, dann in den Topf geben. Gut verrühren und bei schwacher Hitze sanft köcheln lassen, bis die Sauce leicht angedickt ist. Mit Salz und Pfeffer abschmecken.

6 Die Ränder des Brots mit einem Messer lösen und auf eine Servierplatte stürzen. In dicke Scheiben geschnitten mit Sauce servieren.

Thailändischer Weißkohlsalat

VORBEREITUNG 10 MIN.   GARZEIT 2–3 MIN.   FÜR 4 PERSONEN

½ KLEINER WEISSKOHL, ETWA 275 g ▪ 1 KLEINER BUND KORIANDER, GROB GEHACKT ▪ 4 FRÜHLINGSZWIEBELN, GEHACKT ▪ 1 MILDE ROTE CHILI, ENTKERNT UND GEHACKT ▪ 2 EL REISESSIG ▪ 1 EL MIRIN ODER 1 TL FLÜSSIGER HONIG ▪ 1 EL SESAM ▪ SALZ

1 Kohl halbieren, den harten Kern herausschneiden und den Rest mit einem scharfen Messer in feine Streifen schneiden.

2 Koriander, Frühlingszwiebeln und Chili zum Kohl geben, dann Reisessig, Mirin oder Honig dazugeben und mit Salz würzen.

3 Sesam bei mittlerer Hitze in einer trockenen Pfanne für 1–2 Min. anrösten, bis er goldbraun und duftend ist. Auf den Salat streuen.

Dieser Salat kann gut vorbereitet werden. Der Kohl wird dann im leckeren, ölfreien Dressing etwas weicher.

Quinoa-Trauben-Salat
mit Honigdressing und Mandelblättchen

VORBEREITUNG 15 MIN. GARZEIT 20 MIN. FÜR 4 PERSONEN

175 g QUINOA ▪ 450 ml WASSER ▪ 2 EL MANDELBLÄTTCHEN ▪ 250 g KERNLOSE ROTE TRAUBEN, HALBIERT

▪ 3–4 FRÜHLINGSZWIEBELN, GEHACKT ▪ 4 TL FLÜSSIGER HONIG ▪ 4 TL APFELESSIG ▪ SALZ UND PFEFFER

▪ ZUM SERVIEREN KLEINE KOPFSALATBLÄTTER UND BRUNNENKRESSE

1 Quinoa mit dem Wasser in einen Topf geben. Aufkochen, abdecken und 15 Min. leicht köcheln lassen, bis das Quinoa weich ist. Vom Herd nehmen und abgedeckt einige Minuten, oder bis es vollständig abgekühlt ist, ruhen lassen.

2 Die Mandelblättchen in einer Grillpfanne oder flachen Grillform ausbreiten. Unter dem vorgeheizten Ofengrill in 1–2 Min. golden anrösten. Wenn nötig einmal umrühren, damit sie gleichmäßig bräunen und aufpassen, da sie leicht verbrennen. Sobald sie fertig sind, aus der Pfanne herausnehmen, damit sie nicht durch die Resthitze weiterbräunen.

3 Quinoa mit Trauben, Frühlingszwiebeln, Honig, Essig, etwas Salz und Pfeffer in eine Schüssel geben und vorsichtig vermischen. Bis zu diesem Schritt kann der Salat gut vorbereitet werden.

4 Kurz vor dem Servieren die Mandelblättchen unterrühren. Besonders lecker ist es, wenn sie vom Rösten noch leicht warm sind. Mit einigen knackigen Salatblättern und evtl. Brunnenkresse servieren.

Mediterran gefüllte Paprika mit Blumenkohlpüree

VORBEREITUNG 10 MIN.   GARZEIT 30 MIN.   FÜR 4 PERSONEN

4 ROTE PAPRIKA, Z. B. RAMIRO ▪ 200 g FETA, IN 1 cm GROSSE WÜRFEL GESCHNITTEN

▪ 8 GEHÄUFTE TL PESTO ▪ 16 KIRSCHTOMATEN, HALBIERT

BLUMENKOHLPÜREE   1 BLUMENKOHL, GEPUTZT UND ZU RÖSCHEN ZERTEILT ▪ 25 g BUTTER ▪ SALZ UND PFEFFER

1 Paprika halbieren, dabei, wenn möglich, genau durch die Stiele schneiden. Weiße Innenhäute herausschneiden und die Kerne herausspülen. Paprika in einen Bräter oder eine flache Auflaufform geben. Den Feta auf die Paprikahälften verteilen, dann das Pesto darüberlöffeln. Die Tomaten mit der Hautseite nach oben darauflegen.

2 Im vorgeheizten Ofen bei 200 °C (Gas Stufe 6) 30 Min. backen, bis die Oberseiten bräunen und das Innere schön saftig ist.

3 In der Zwischenzeit für das Blumenkohlpüree 5 cm Wasser in einem großen Topf aufkochen. Den Blumenkohl dazugeben, wieder aufkochen, abdecken und 5–6 Min. kochen, bis der Blumenkohl weich ist. Gut abtropfen lassen und im Mixer mit Butter und etwas Salz und Pfeffer zu einem dicken, glatten Püree verarbeiten. Zurück in den Topf geben und unter Rühren vorsichtig erhitzen, damit es nicht anbrennt. Mit den Paprikahälften servieren.

Blumenkohlpüree ähnelt Kartoffelpüree, enthält aber nur einen Bruchteil der Kalorien. Es hat kaum Kohlenhydrate und ist eine gute Möglichkeit, zu seinen täglichen 5 Portionen Obst und Gemüse zu kommen – Blumenkohl zählt als eine Portion, Kartoffeln aber nicht. Auch der „Blumenkohlreis" (s. S. 93) schmeckt wunderbar zu den Paprika.

Cappuccinobaisers

VORBEREITUNG 15 MIN.   GARZEIT 2 STD.   ERGIBT 12 HÄLFTEN

2 EIWEISS ▪ 1 TL INSTANT-KAFFEEPULVER GUTER QUALITÄT ▪ 125 g ZUCKER

FÜLLUNG   150 ml FRISCHKÄSE, FETTREDUZIERTE CRÈME FRAÎCHE ODER DICKER GRIECHISCHER JOGHURT

▪ TRINKSCHOKOLADENPULVER ZUM GARNIEREN

1 Ein Blech mit Backpapier auslegen.

2 Eiweiß und Kaffeepulver in einer sauberen, fettfreien Schüssel sehr steif schlagen – die Spitzen sollten ihre Form halten und wenn man die Schüssel umdreht, darf nichts herausfallen. Man sollte jedoch nicht so lange schlagen, bis das Eiweiß wieder in sich zusammenfällt und an Volumen verliert. Den Zucker esslöffelweise dazugeben und nach jedem Löffel weiterschlagen.

3 Gehäufte Teelöffel der Mischung auf das Backpapier geben, dazwischen etwas Platz lassen und im vorgeheizten Ofen bei 120 °C (Gas Stufe ½) 2 Std. trocknen lassen. Wenn möglich im ausgeschalteten Ofen komplett auskühlen lassen.

4 Vor dem Servieren je 2 Stück mit der gewählten Füllung zusammenkleben, auf einen Teller legen und mit Kakaopulver bestreuen. Innerhalb von 2 Std. essen.

Baisers sind fettfrei und einfach herzustellen. Die Füllung enthält nur so viel Fett, wie Sie für richtig halten.

Feigen in Vanille pochiert

VORBEREITUNG 10 MIN.   GARZEIT 30 MIN.   FÜR 4 PERSONEN

450 ml WASSER ▪ 3 EL ZUCKER ▪ 2 VANILLESCHOTEN ▪ 8 FRISCHE FEIGEN ▪ 250 g DICKER NATURJOGHURT ZUM SERVIEREN (NACH BELIEBEN)

1 Einen hellen Sirup herstellen: Wasser, Zucker und Vanilleschoten in einen Topf geben, der groß genug ist, alle Feigen aufzunehmen. Aufkochen und 5 Min. köcheln lassen.

2 Die Feigen in den Topf geben. Aufkochen, abdecken und bei schwacher Hitze 20 Min. sanft köcheln lassen, bis die Feigen aufgequollen und weich sind, wenn man mit einem Messer hineinsticht.

3 Feigen mit einem Schaumlöffel aus dem Sirup nehmen. Jede Feige von oben kreuzweise bis fast zum Boden einschneiden. In eine flache Servierschale geben. Sirup und Vanilleschoten bei großer Hitze kochen, bis der Sirup dick wird. Über die Feigen gießen. Heiß, lauwarm oder kalt und nach Wunsch mit Naturjoghurt servieren.

Ein wunderbarer Weg, um nicht ganz perfekte Feigen in ein köstliches Dessert zu verwandeln. Die Vanilleschoten können wieder verwendet werden. Dazu aus dem Sirup nehmen, abspülen und trocknen lassen. Man kann sie gut in einem Glas Zucker aufbewahren, dadurch bleiben sie trocken und der Zucker nimmt ihren Geschmack an.

ESSEN RUND UM DIE WELT

Auf meiner Suche nach neuen Rezepten lasse ich mich oft von den Gerichten anderer Länder inspirieren. Besonders mag ich die Küchen von Indien und dem Nahen Osten – diese Länder sind durch ihren kreativen Umgang mit Linsen, Bohnen, Getreide, Gemüse, Kräutern und Gewürzen ideale Reiseziele für Vegetarier und Veganer. Ich liebe auch thailändisches und indonesisches Essen und die japanische Küche mit ihren scharfen Dips und Marinaden, frischem, knackigen Gemüse und dem ausgiebigen Gebrauch von Tofu, den ich verehre.

In diesem Kapitel habe ich Ideen, Rezepte und Zutaten all dieser Länder verwendet. Ich hoffe, Sie haben Spaß daran, diese Rezepte auszuprobieren.

Coulibiac mit saurer Sahne

VORBEREITUNG 20 MIN. GARZEIT 55 MIN. FÜR 4 PERSONEN

125 g BASMATIREIS ▪ 1 EL OLIVENÖL ▪ 25 g BUTTER ▪ 1 GROSSE ZWIEBEL, FEIN GEHACKT ▪ 175 g GRÜNER WEISSKOHL, IN FEINEN STREIFEN ▪ 250 g KLEINE CHAMPIGNONS, HALBIERT ▪ 3 HART GEKOCHTE EIER, GROB GEHACKT ▪ 4 EL GEHACKTER DILL ▪ 2 GROSSE PLATTEN BLÄTTERTEIG à 350 g ▪ 1 VERSCHLAGENES EI ZUM GLASIEREN ▪ MALDON-MEERSALZFLOCKEN ▪ SALZ UND PFEFFER

SAUCE 4 EL GEHACKTER SCHNITTLAUCH ▪ 300 ml SAURE SAHNE

1 Reis in viel sprudelnd kochendem Wasser in 10 Min. weich kochen, abgießen und beiseitestellen.

2 In der Zwischenzeit Olivenöl und Butter in einem großen Topf erhitzen und die Zwiebel darin 5 Min. dünsten. Kohl und Pilze dazugeben, umrühren, abdecken und 10 Min. dünsten, bis der Kohl weich ist, dann vom Herd nehmen.

3 Abgegossenen Reis, Eier und Dill zur Zwiebelmischung geben und mit Salz und Pfeffer abschmecken. Leicht abkühlen lassen.

4 Die beiden Blätterteigplatten leicht überlappend auf ein großes Blech legen und in der Mitte zusammendrücken, damit eine große Platte entsteht. An den Seiten etwa 4 cm abschneiden.

5 Die Reismischung längs in der Mitte des Teigs über der Naht anhäufen. Auf beiden Seiten der Füllung diagonale Schnitte machen und abwechselnd über die Füllung falten, wodurch ein zopfähnliches Muster entsteht. Überschüssigen Teig abschneiden. Mit verschlagenem Ei bestreichen und mit Meersalz bestreuen. Im vorgeheizten Ofen bei 200 °C (Gas Stufe 6) 40 Min. backen, bis der Coulibiac aufgegangen und goldbraun ist.

6 Für die Sauce Schnittlauch und saure Sahne mischen und mit Salz und Pfeffer abschmecken. Mit dem Coulibiac servieren.

Mit Frühkartoffeln und Bohnen oder Zucchini in Butter ergibt dies eine herrliche Mahlzeit im Frühling oder Sommer. Für besondere Gelegenheiten passt dazu auch eine Sauce Hollandaise (s. S. 21).

Vegetarisches Pad Thai

VORBEREITUNG 20 MIN.   GARZEIT 20 MIN.   FÜR 4 PERSONEN

250 g REISNUDELN ▪ RAPSÖL ZUM FRITTIEREN ▪ 500 g TOFU, IN 1 cm GROSSE WÜRFEL GESCHNITTEN

▪ 2 EL GERÖSTETES SESAMÖL ▪ 2 ZWIEBELN, GEHACKT ▪ 4 KNOBLAUCHZEHEN, FEIN GEHACKT

▪ 4 TL TAMARINDENPASTE ▪ 2 EL SOJASAUCE ▪ 2 TL BRAUNER ZUCKER ▪ 125 g SOJASPROSSEN

▪ 2 EIER, VERSCHLAGEN ▪ 25–50 g GERÖSTETE ERDNÜSSE, LEICHT ZERDRÜCKT ▪ SALZ UND PFEFFER

▪ GROB GEHACKTER KORIANDER ZUM SERVIEREN

1 Nudeln in eine Schüssel geben, mit kochendem Wasser übergießen und stehen lassen, bis sie weich sind – die Zeit variiert je nach Dicke der Nudeln. Sehr dünne brauchen nur 5 Min., dicke länger. Abgießen.

2 Rapsöl in einem Wok auf 180–190 °C erhitzen oder bis ein Brotwürfel in 30 Sek. bräunt. Tofu hineingeben und 5 Min. frittieren. Herausnehmen und beiseitestellen.

3 Das Sesamöl bis auf 1 TL in einem großen Topf erhitzen. Die Zwiebeln darin 7–10 Min. weich dünsten, dann den Knoblauch unterrühren. Einige Sekunden braten, dann Tofu, Tamarindenpaste, Sojasauce, braunen Zucker, Sprossen und abgegossene Nudeln unterrühren. In etwa 2–3 Min. die Sprossen garen und alles erwärmen.

4 Währenddessen das restliche Sesamöl in einer Pfanne erhitzen und die Eier für ein Omelette hineingießen. Sobald es stockt, die Ränder zurückziehen, sodass das rohe Ei an die Ränder fließen kann. Wenn das Omelette vollständig gestockt ist, fest aufrollen, auf einen Teller legen, in Streifen schneiden und zu den Nudeln geben.

5 Mit Salz und Pfeffer abschmecken und auf angewärmten Tellern mit Erdnüssen und einer großzügigen Portion gehacktem Koriander bestreut servieren.

Man kann gebratenen Tofu kaufen oder ihn selbst herstellen, indem man die Würfel in Raps- oder Erdnussöl 6–7 Min. goldbraun brät oder frittiert.

Agedashi-Tofu

VORBEREITUNG 15 MIN.   GARZEIT 20 MIN.   FÜR 4 PERSONEN

RAPSÖL ZUM FRITTIEREN ▪ 500 g TOFU, ABGETROPFT UND IN 1 cm GROSSE WÜRFEL GESCHNITTEN

▪ 1–2 EL STÄRKE, PFEILWURZMEHL ODER KUDZU ▪ ZUM GARNIEREN 1–2 FRÜHLINGSZWIEBELN, IN FEINE

STREIFEN GESCHNITTEN

BRÜHE   1 l WASSER ▪ 1 STÜCK KOMBU-ALGE ▪ 1 TL VEGETARISCHE GEKÖRNTE BRÜHE

▪ 1–3 TL UNPASTEURISIERTES GERSTEN-SOJA-MISO ▪ 4 FRÜHLINGSZWIEBELN, FEIN GEHACKT

1 Zunächst die Brühe zubereiten. Wasser und Kombu in einem großen Topf erhitzen. Sobald es zu kochen anfängt, den Kombu entfernen – er kann getrocknet und wieder verwendet werden. Brühe hineingeben und beiseitestellen.

2 Für den Tofu das Rapsöl im Wok auf 180 °C erhitzen. Tofu auf einen Teller legen, mit Stärke, Pfeilwurzmehl oder Kudzu bestreuen (Klümpchen sollten entfernt oder zerdrückt werden) und den Tofu darin wenden. Tofuwürfel in das Öl gleiten lassen, aber nicht zu viele auf einmal frittieren. Etwa 6 Min. frittieren, bis der Tofu golden und knusprig ist. Auf Küchenpapier abtropfen lassen.

3 Brühe wieder erhitzen. Wenn sie anfängt zu kochen, vom Herd nehmen und Miso nach Geschmack einrühren. Nun sollte sie nicht mehr kochen, da das Miso sonst einen Teil seiner gesundheitsfördernden Wirkung verliert.

4 Tofuwürfel auf vier angewärmten Tellern mit in Streifen geschnittenen Frühlingszwiebeln servieren. Die gehackten Frühlingszwiebeln auf vier Schalen verteilen, die Brühe darübergeben und dazu servieren.

Ich liebe dieses Gericht. Es besteht aus knusprig frittiertem Tofu und einer aromatischen Misobrühe. Besonders gut wird es mit asiatischem (wenn möglich japanischem) Tofu, der mild ist und weich in der Konsistenz – ich bevorzuge diesen Tofu eigentlich für alle Rezepte.

Süßkartoffel-Kokos-Dal mit Koriander

VORBEREITUNG 15 MIN.   GARZEIT 20 MIN.   FÜR 4 PERSONEN

550 g ORANGEFARBENE SÜSSKARTOFFELN, GESCHÄLT UND IN 1 cm GROSSE WÜRFEL GESCHNITTEN

- 175 g GESPALTENE ROTE LINSEN ▪ 1 GRÜNE CHILI, ENTKERNT UND IN STREIFEN GESCHNITTEN
- 400 ml KOKOSMILCH (s. S. 41) ▪ 450 ml WASSER ▪ 1 TL FRISCH GERIEBENER INGWER ▪ 1 TL GEMAHLENER ZIMT
- ½ TL KURKUMA ▪ SALZ UND PFEFFER ▪ GEHACKTER KORIANDER ZUM GARNIEREN

1 Süßkartoffeln mit Linsen, Chili, Kokosmilch und Wasser in einen Topf geben. Aufkochen und ohne Deckel 15–20 Min. sanft köcheln lassen, bis Süßkartoffeln und Linsen weich sind und die Mischung dick aussieht.

2 Ingwer, Zimt, Kurkuma und etwas Salz und Pfeffer unterrühren und einige Minuten kochen, damit die Aromen sich verbinden können. Koriander darüberstreuen und mit kurz gekochtem Weißkohl, Reis oder „Blumenkohlreis" (s. S. 93) servieren.

Dieses Dal ist köstlich – und schmeckt am nächsten Tag sogar noch besser. Die Gewürze dürfen erst dazugegeben werden, wenn die Linsen gar sind – werden Gewürze, Tomaten oder andere säurehaltige Zutaten zu Beginn der Kochzeit hinzugefügt, kann es sein, dass die Linsen nicht weich werden.

Cremiges Cashew-Korma

VORBEREITUNG 20 MIN.   GARZEIT 40 MIN.   FÜR 4 PERSONEN

1 EL RAPSÖL ▪ 1 GROSSE ZWIEBEL, FEIN GEHACKT ▪ 2 KNOBLAUCHZEHEN, ZERDRÜCKT ▪ 1 TL KURKUMA

▪ 1 EL GEMAHLENER KREUZKÜMMEL ▪ 1 EL GEMAHLENER KORIANDER ▪ 50 g CASHEWKERNE

▪ 400 ml KOKOSMILCH (s. S. 41) ▪ 400 ml WASSER ▪ EINE KLEINE HANDVOLL FRISCHE CURRYBLÄTTER (NACH

BELIEBEN) ▪ 175 g OKRA, AN DEN ENDEN BESCHNITTEN ▪ 250 g BLUMENKOHLRÖSCHEN

▪ 250 g BROKKOLIRÖSCHEN ▪ SALZ UND PFEFFER ▪ GEHACKTE KORIANDERBLÄTTER ZUM GARNIEREN

1 Rapsöl in einem großen Topf erhitzen. Die Zwiebel darin zugedeckt 10 Min. weich dünsten. Knoblauch, Kurkuma, Kreuzkümmel und Koriander unterrühren und 1–2 Min. weiterkochen.

2 Nüsse in der Kaffeemühle, Küchenmaschine oder auf einer Reibe zu Pulver zerreiben. Mit der Kokosmilch in den Topf geben.

3 Für eine sehr glatte Sauce in der Küchenmaschine oder mit dem Pürierstab pürieren, aber auch so schmeckt sie köstlich.

4 Die Sauce in einem Topf mit dem Wasser und den Curryblättern etwa 20–30 Min. köcheln lassen, dabei gelegentlich umrühren, bis die Sauce angedickt ist.

5 Kurz bevor die Sauce fertig ist, einen Topf mit 5 cm kochendem Wasser füllen, Okra, Blumenkohl und Brokkoli hineingeben und abgedeckt 6 Min. weich kochen. Abgießen und vorsichtig unter die Sauce rühren. Mit Salz und Pfeffer abschmecken.

6 Man kann das Gericht sofort servieren, aber wenn man etwas Zeit hat, sollte man es ruhen lassen – ruhig sogar über Nacht. Dadurch werden die Aromen intensiver. Vorsichtig aufwärmen, mit gehacktem Koriander bestreuen und mit Basmatireis servieren.

Eine elektrische Kaffeemühle ist nicht teuer und sehr nützlich um Nüsse oder Gewürze zu mahlen – sie gehört zu meinen liebsten Geräten in der Küche.

Bohnenpüree

VORBEREITUNG 15 MIN.   GARZEIT 15 MIN.   FÜR 4 PERSONEN

2 EL OLIVENÖL ▪ 1 GROSSE ZWIEBEL, FEIN GEHACKT ▪ 2 KNOBLAUCHZEHEN, GEHACKT ▪ 2 DOSEN
PINTOBOHNEN, à 410 g, ABGEGOSSEN ▪ ½–1 TL CHILIPULVER ▪ SALZ UND PFEFFER
ZUM SERVIEREN   SALATBLÄTTER ▪ TOMATENSCHEIBEN ▪ 1 GROSSE AVOCADO, GESCHÄLT, ENTSTEINT UND IN
SCHEIBEN ▪ SAURE SAHNE ▪ PAPRIKAPULVER ▪ GEHACKTER KORIANDER ▪ TORTILLACHIPS ▪ GERIEBENER
CHEDDAR (NACH BELIEBEN)

1 Olivenöl in einem großen schweren Topf erhitzen und die Zwiebel darin bei schwacher Hitze unter gelegentlichem Rühren 10 Min. anbraten. Den Knoblauch unterrühren und weitere 1–2 Min. braten.

2 Die Bohnen mit Chilipulver, Salz und Pfeffer in den Topf geben. Mit einem Kartoffelstampfer oder Holzlöffel grob zerstampfen, bis sie zusammenkleben, aber noch kein glattes Püree ergeben. Gut rühren, damit sie nicht anbrennen. Die Bohnen sind fertig, wenn sie sehr heiß sind.

3 Einige Salatblätter um den Rand einer Servierplatte arrangieren und die Bohnen in die Mitte geben. Tomaten und Avocadoscheiben um den Rand verteilen, saure Sahne, Paprikapulver und Koriander dekorativ darauf verteilen und nach Wunsch mit Tortillachips und geriebenem Käse servieren.

Es sind die Extras, die dieses einfache Bohnengericht so lecker machen. Ich serviere sie gern in kleinen Schalen, damit sich jeder das nehmen kann, was er mag.

Südamerikanischer Bohnen-Kürbis-Eintopf

VORBEREITUNG 15 MIN.   GARZEIT 15 MIN.   FÜR 4 PERSONEN

500 g GESCHÄLTER UND ENTKERNTER KÜRBIS, IN 1 cm GROSSE WÜRFEL GESCHNITTEN ▪ 4 KNOBLAUCHZEHEN ▪ 900 ml GEMÜSEBRÜHE ▪ 1 EL OLIVENÖL ▪ 2 GROSSE ZWIEBELN, FEIN GEHACKT ▪ 2 GROSSE ROTE PAPRIKA, ENTKERNT UND GEWÜRFELT ▪ 2 TL GETROCKNETES EPAZOTE ODER BASILIKUM ▪ MAISKÖRNER VON 1 MAISKOLBEN ODER 150 g TIEFGEKÜHLTE MAISKÖRNER ▪ 2 DOSEN PINTOBOHNEN, à 410 g ▪ 2–3 EL ZITRONENSAFT ▪ SALZ UND PFEFFER ▪ 1 EL FEIN GEHACKTES FRISCHES EPAZOTE ODER GLATTE PETERSILIE ZUM GARNIEREN

1 Kürbiswürfel mit Knoblauch und Brühe in einen Topf geben. Aufkochen, abdecken und 15 Min. köcheln lassen, bis der Kürbis sehr weich ist. In den Mixer geben und zu einem dünnen Püree verarbeiten.

2 Während der Kürbis kocht, Olivenöl in einem großen Topf erhitzen. Zwiebeln, Paprika und getrocknetes Epazote oder Basilikum hineingeben. Abdecken und bei schwacher Hitze 15 Min. dünsten, bis das Gemüse weich und leicht karamellisiert ist.

3 Kürbispüree, Mais und die Bohnen mit ihrer Flüssigkeit zum Zwiebel-Paprika-Gemüse geben. Bei schwacher Hitze rühren, bis alles heiß ist, dann mit Zitronensaft, Salz und Pfeffer abschmecken.

4 In angewärmte Schalen geben, mit den frischen Kräutern bestreuen und mit warmem Brot servieren. Ich mag dazu dunkles Vollkorn- oder Walnussbrot – das ist nicht südamerikanisch, aber dafür sehr lecker!

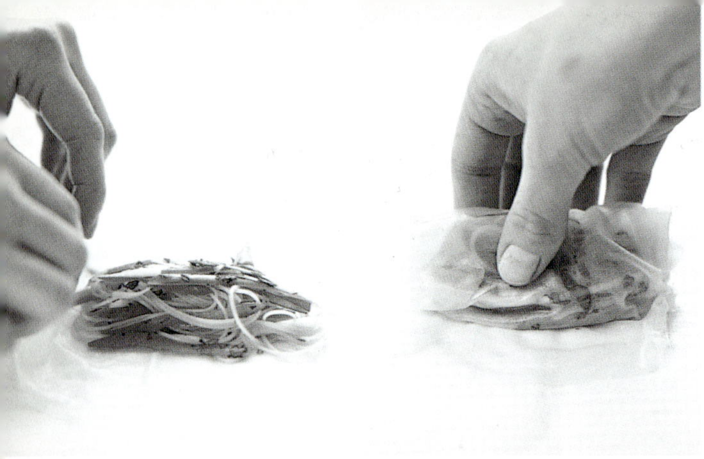

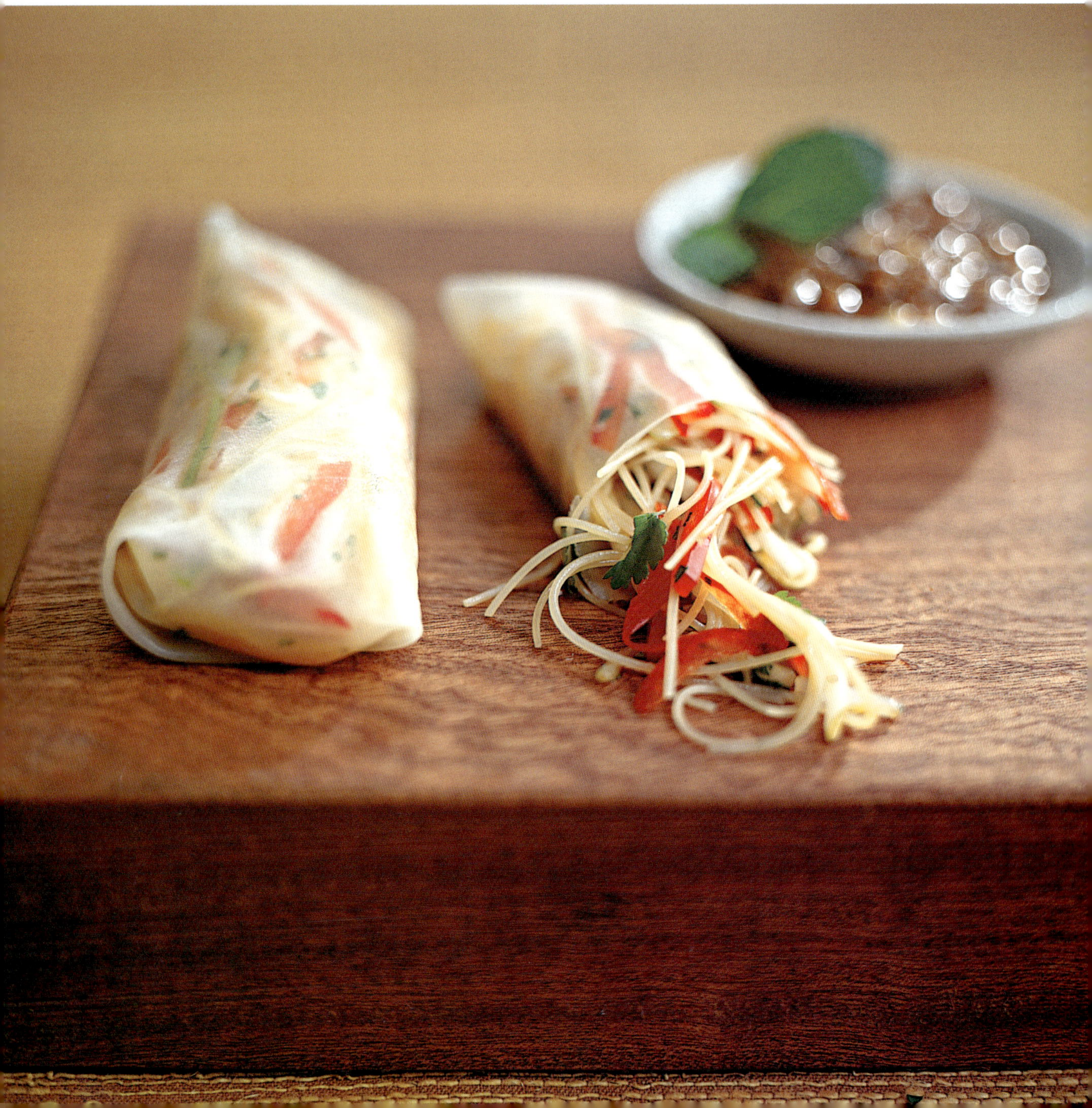

Vietnamesische Frühlingsrollen

VORBEREITUNG 30 MIN. FÜR 4 PERSONEN

50 g DÜNNE REISNUDELN (EIN BÜNDEL AUS EINEM PAKET) ■ 150 g SOJASPROSSEN ■ 1 ROTE PAPRIKA, ENTKERNT UND IN DÜNNE STREIFEN GESCHNITTEN ■ 2 TL GEHACKTE MINZE ■ 2 TL GEHACKTER KORIANDER ■ 3 FRÜHLINGSZWIEBELN, FEIN GEHACKT ■ 3 EL TERIYAKISAUCE ■ 8 REISMEHLPFANNKUCHEN

ERDNUSSDIP 2 EL ERDNUSSBUTTER MIT STÜCKCHEN ■ 2 TL BRAUNER ZUCKER ■ 1 cm FRISCHER INGWER, GERIEBEN ■ 1 KNOBLAUCHZEHE, ZERDRÜCKT ■ ⅛–¼ TL GETROCKNETE ROTE CHILIFLOCKEN ■ 6–8 EL SOJASAUCE

1 Die Reisnudeln in eine Schüssel geben, mit kochendem Wasser übergießen und in 5 Min. weich werden lassen. Dann abgießen und in eine Schüssel geben.

2 Sprossen, rote Paprika, Minze, Koriander, Frühlingszwiebeln und Teriyakisauce dazugeben und gut vermischen, bis alle Zutaten gleichmäßig verteilt sind.

3 Ein feuchtes Küchenhandtuch auf der Arbeitsfläche ausbreiten. Reispfannkuchen in eine Schüssel geben, mit kochendem Wasser übergießen und 20 Sek. einweichen, bis sie flexibel sind. Aus dem Wasser nehmen und auf das Handtuch legen.

4 Auf den unteren Rand eines Pfannkuchens 2 EL der Sprossenmischung geben. Zuerst die beiden Seiten, dann den unteren Rand über die Füllung falten und schließlich aufrollen. Dabei die Füllung etwas zusammendrücken und fest aufrollen, damit die Frühlingsrolle nicht zu locker wird. Mit der Naht nach unten auf einen Teller legen. Fortfahren, bis alle Pfannkuchen verbraucht sind. Die fertigen Rollen mit einem sauberen, feuchten Küchenhandtuch abdecken, bis sie benötigt werden.

5 Für den Dip Erdnussbutter, Zucker, Ingwer, Knoblauch und Chili vermischen und nach und nach die Sojasauce unterrühren. In vier kleine Schalen geben und mit den Frühlingsrollen servieren.

Diese ungewöhnlichen Frühlingsrollen werden aus Reispfannkuchen hergestellt und roh mit einem scharfen Dip serviert. Sie schmecken frisch und köstlich. Servieren Sie sie als Vorspeise oder Snack oder mit Sesamtofu (s. S. 60) und Reis.

Indonesische, würzig gefüllte Ananas

VORBEREITUNG 20 MIN. GARZEIT 45 MIN. FÜR 4 PERSONEN

300 g BASMATIREIS ▪ 600 ml WASSER ▪ 2 KLEINE ANANAS MIT BLÄTTERN ▪ 1 EL SESAMÖL ▪ 1 ZWIEBEL, GEHACKT ▪ 100 g GANZE CASHEWKERNE, UNTER DEM GRILL ANGERÖSTET ▪ 125 g AUFGETAUTE ERBSEN ▪ 2–4 EL KETJAP MANIS (s. UNTEN) ▪ 2 TL BRAUNER ZUCKER ▪ 3 EL GETROCKNETE KOKOSFLOCKEN, UNTER DEM GRILL ANGERÖSTET

1 Reis mit Wasser in einen Topf geben. Aufkochen, abdecken, die Hitze reduzieren und bei schwacher Hitze 15 Min. köcheln lassen, bis der Reis weich ist und das Wasser vollständig aufgenommen wurde.

2 Ananas längs halbieren, dabei genau durch die Blätter schneiden. Das Fruchtfleisch herausschneiden, sodass etwa 5 mm stehen bleiben. Das harte Innenstück entfernen, das Fruchtfleisch in 5 mm große Würfel schneiden.

3 Sesamöl in einem Topf erhitzen und die Zwiebel darin abgedeckt bei schwacher Hitze 10 Min. weich dünsten. Vom Herd nehmen und 4 gehäufte EL gekochten Reis, Ananasfruchtfleisch, Cashewkerne, Erbsen, Ketjap Manis und Zucker unterrühren. Nach Bedarf mit mehr Ketjap Manis abschmecken.

4 Cashewmischung in die Ananasschalen häufen und mit Kokosflocken bestreuen. In eine flache Auflaufform legen und mit Alufolie abdecken. Im vorgeheizten Ofen bei 180 °C (Gas Stufe 4) 30 Min. backen. Nach 20 Min. den restlichen Reis in eine zweite Auflaufform geben, abdecken und zum Erhitzen in den Ofen stellen. Sofort servieren.

Ketjap Manis ist eine indonesische Sojasauce, die süßer und weniger salzig als andere Sorten ist. Ist sie nicht erhältlich, kann man normale Sojasauce mit einem TL braunen Zucker oder Honig mischen.

Gemüse-Pakoras mit Minze-Raita und Limette

VORBEREITUNG 15 MIN. GARZEIT 15 MIN. FÜR 4 PERSONEN

250 g BROKKOLI, IN KLEINEN RÖSCHEN ▪ 1 ZUCCHINI, IN DÜNNEN SCHEIBEN ▪ 1 ROTE ZWIEBEL, IN DÜNNEN SPALTEN ▪ 1 KLEINE ROTE PAPRIKA, ENTKERNT UND IN DÜNNEN STREIFEN ▪ LIMETTENSPALTEN ZUM SERVIEREN

TEIG 250 g KICHERERBSENMEHL ▪ 1 TL SALZ ▪ 2 TL BACKPULVER ▪ 2 TL KREUZKÜMMELSAMEN ▪ 300 ml SPRUDELWASSER ▪ RAPSÖL ZUM FRITTIEREN

MINZE-RAITA 300 g NATURJOGHURT (AUF MILCHBASIS ODER VEGAN) ▪ 4 EL GEHACKTE MINZE ▪ SALZ UND PFEFFER

1 Für den Teig Kichererbsenmehl, Salz und Backpulver in eine Schüssel sieben. Kreuzkümmel dazugeben und unter Rühren das Sprudelwasser dazugießen. Es sollte ein glatter Teig entstehen. Wenn nötig, kann der Teig bis zu einer Stunde aufbewahrt werden.

2 Für die Raita Joghurt mit Minze mischen und mit Salz und Pfeffer abschmecken. In eine Servierschale geben und beiseitestellen.

3 Rapsöl zum Frittieren auf 180–190 °C erhitzen oder bis ein Brotwürfel in 30 Sek. bräunt.

4 Gemüsestücke im Teig wenden und in das Öl gleiten lassen, dabei höchstens so viele Stücke hineingeben, dass die Oberfläche des Öls bedeckt ist. Sobald sie nach etwa 4 Min. goldbraun sind, mit einem Schaumlöffel herausnehmen und auf Küchenpapier abtropfen lassen. Fortfahren, bis das Gemüse aufgebraucht ist.

5 Mit Limettenspalten garnieren und sofort mit einer Schüssel Raita servieren.

Tandoori Paneer

VORBEREITUNG 10 MIN.   GARZEIT 10–15 MIN.   FÜR 4 PERSONEN

450 g PANEER, IN 1 cm GROSSE WÜRFEL GESCHNITTEN ▪ 2 EL GROB GEHACKTER KORIANDER ▪ SALZ

GEWÜRZMISCHUNG   1 EL FRISCH GERIEBENER INGWER ▪ 1 EL ZERDRÜCKTER KNOBLAUCH ▪ ½ TL SCHARFES

PAPRIKA- ODER CHILIPULVER ▪ 1 TL KURKUMA ▪ 1 EL GEMAHLENER KREUZKÜMMEL ▪ 2 EL RAPSÖL

▪ 2 EL ZITRONENSAFT

GEMÜSEGARNITUR   4 TOMATEN, IN SCHEIBEN ▪ 1 KLEINE ZWIEBEL, IN SCHEIBEN ▪ 1 GRÜNE PAPRIKA,

ENTKERNT UND IN STREIFEN ▪ ZITRONENSPALTEN, WARMES NAANBROT UND MINZE-RAITA (s. S. 125)

ZUM SERVIEREN

1 Alle Zutaten für die Gewürzmischung in einer Schüssel vermischen.

2 Paneerstücke darin wenden und evtl. etwas salzen, aber Vorsicht, der Paneer selber ist bereits salzig.

3 Die Würfel in einer Grillpfanne oder auf einem Blech ausbreiten und unter dem vorgeheizten Ofengrill 10–15 Min. grillen. Dabei ein paar Mal wenden, bis sie rundum knusprig und goldbraun sind.

4 In der Zwischenzeit Tomaten, Zwiebeln und grüne Paprika in einer Schüssel mischen oder auf Teller geben. Den Paneer direkt aus dem Ofen heiß mit Salatgarnitur servieren. Koriander darüberstreuen und Limettenspalten dazugeben. Mit warmem Naanbrot und Raita verzehren.

Dieses Rezept ist schnell, einfach und immer beliebt! Eine sehr gute vegane Version erhält man, indem man den Paneer durch festen Tofu ersetzt (s. S. 189).

Maisküchlein mit Tomatensauce

VORBEREITUNG 15 MIN.   GARZEIT 15 MIN.   FÜR 4 PERSONEN

250 g MAISKÖRNER, FRISCH VOM KOLBEN GESCHNITTEN, TIEFGEKÜHLT ODER ABGEGOSSEN AUS DER DOSE

▪ 1 EI, GETRENNT ▪ 25 g FEINES VOLLKORNMEHL ▪ RAPSÖL ZUM BRATEN

TOMATENSAUCE   1 EL OLIVENÖL ▪ 1 ZWIEBEL, FEIN GEHACKT ▪ 2 KNOBLAUCHZEHEN, GEHACKT

▪ 400 g TOMATENSTÜCKE AUS DER DOSE ▪ SALZ UND PFEFFER

1 Bereiten Sie zunächst die Tomatensauce zu. Olivenöl in einem Topf erhitzen und die Zwiebel darin 7–10 Min. weich braten. Knoblauch unterrühren, dann die Tomaten dazugeben und 15 Min. köcheln lassen, bis die Flüssigkeit verdampft ist. Für eine glatte, samtige Sauce kann man diese Mischung pürieren. Mit Salz und Pfeffer abschmecken und beiseitestellen.

2 Für die Küchlein Mais mit Eigelb, Mehl und etwas Salz und Pfeffer in einer Schüssel gut vermischen. Das Eiweiß steif schlagen und vorsichtig unterheben.

3 Etwas Rapsöl in einer Pfanne erhitzen und den Teig esslöffelweise hineingeben und von beiden Seiten knusprig braun braten. Auf Küchenpapier abtropfen lassen. Den ersten Teil unter dem vorgeheizten Grill oder im lauwarmen Ofen warm halten, währen der Rest gebraten wird. Mit Tomatensauce servieren.

Kichererbsen-Tagine mit fruchtigem Couscous

VORBEREITUNG 15 MIN.   GARZEIT 30 MIN.   FÜR 4 PERSONEN

2 EL OLIVENÖL ▪ 2 ZWIEBELN, GEHACKT ▪ 2 KNOBLAUCHZEHEN, ZERDRÜCKT ▪ 1 TL GEMAHLENER INGWER ▪ 1 TL KURKUMA ▪ ½ TL SAFRANFÄDEN ▪ 2 FENCHELKNOLLEN, GEVIERTELT ▪ 1 ZUCCHINO, ETWA 250 g, IN STÄBCHEN GESCHNITTEN ▪ 1 AUBERGINE, ETWA 250 g, IN 1 cm GROSSE WÜRFEL GESCHNITTEN ▪ 400 g TOMATEN AUS DER DOSE ▪ 410 g KICHERERBSEN AUS DER DOSE, ABGEGOSSEN ▪ 125–250 g ENTSTEINTE GRÜNE OLIVEN ▪ 1 SALZIG EINGELEGTE ZITRONE, KALT ABGESPÜLT UND GEHACKT, ODER 1 ZITRONE MIT DÜNNER SCHALE, IN DÜNNE SCHEIBEN GESCHNITTEN ▪ 300 ml GEMÜSEBRÜHE ▪ SALZ UND PFEFFER ▪ 1 GEHÄUFTER EL GROB GEHACKTER KORIANDER ZUM GARNIEREN

FRUCHTIGES COUSCOUS   375 g COUSCOUS ▪ 1 EL OLIVENÖL ▪ 450 ml WASSER ▪ 50 g SULTANINEN ▪ 50 g GETROCKNETE APRIKOSEN, GEHACKT

1 Olivenöl in einem großen, schweren Topf erhitzen und die Zwiebeln darin abgedeckt bei schwacher Hitze und unter gelegentlichem Rühren 10 Min. andünsten. Knoblauch unterrühren und weitere 1–2 Min. dünsten.

2 Ingwer, Kurkuma und Safran hinzufügen, dann Fenchel, Zucchini und Aubergine in den Topf geben. 1–2 Min. rühren, dann Tomaten, Kichererbsen, Oliven, Zitrone und Gemüsebrühe dazugeben. Aufkochen, abdecken und 15 Min. köcheln lassen, bis das Gemüse weich ist. Mit Salz und Pfeffer abschmecken.

3 Während die Tagine kocht, Couscous mit Olivenöl, Wasser, Sultaninen und Aprikosen in einen Topf geben und aufkochen. Abdecken und 5 Min. köcheln lassen. Vom Herd nehmen und abgedeckt beiseitestellen, bis es benötigt wird. Mit einer Gabel auflockern, Koriander darüberstreuen und mit der Tagine servieren.

Falafel mit Zitronensauce

VORBEREITUNG 15 MIN. PLUS EINWEICHZEIT   GARZEIT 15 MIN.   FÜR 4 PERSONEN

275 g GETROCKNETE KICHERERBSEN ▪ 1 KLEINE ZWIEBEL, GROB GEHACKT ▪ 15 g KORIANDER

▪ 2 KNOBLAUCHZEHEN, GROB GEHACKT ▪ 1 EL GEMAHLENER KREUZKÜMMEL ▪ ½ TL NATRON ▪ 1 ½ TL SALZ

▪ 2 EL KICHERERBSENMEHL ▪ RAPSÖL ZUM BRATEN

ZITRONENSAUCE   4 EL NATURJOGHURT (AUF MILCHBASIS ODER VEGAN) ▪ 4 EL GUTE MAYONNAISE (AUF

MILCHBASIS ODER VEGAN) ▪ ABGERIEBENE SCHALE VON ½ ZITRONE ▪ 1–2 EL ZITRONENSAFT

ZUM SERVIEREN   WARME HALBIERTE PITABROTE, IN STREIFEN GESCHNITTENER SALAT, TOMATEN-, GURKEN- UND

ZWIEBELSCHEIBEN, MINZEZWEIGE UND GERASPELTE KAROTTEN (NACH BELIEBEN)

1 Kichererbsen in einem Topf mit viel Wasser bedecken. Aufkochen und 2 Min. kochen lassen, dann 1–2 Std. einweichen (alternativ über Nacht einweichen) und abgießen.

2 Abgegossene Kichererbsen mit Zwiebeln, Koriander, Knoblauch, Kreuzkümmel, Soda und Salz in die Küchenmaschine geben und zermahlen, bis die klebrige Mischung gut zusammenhält.

3 Eine kleine Handvoll der Mischung zwischen den Händen pressen um überschüssige Flüssigkeit zu entfernen. Wiederholen, bis alles aufgebraucht ist, und die so entstandenen Falafel in Kichererbsenmehl wenden.

4 Im heißen Rapsöl auf allen Seiten knusprig braun anbraten und auf Küchenpapier abtropfen lassen.

5 Für die Sauce alle Zutaten mischen. Falafel mit halbierten Pitabroten servieren: Jeder kann sich seine Pita selbst mit heißen Falafel, Salat und Zitronensauce füllen.

Normalerweise benutze ich der Schnelligkeit wegen Hülsenfrüchte aus der Dose, in diesem Rezept benötigt man aber getrocknete, damit das Ergebnis stimmt.

Chili-Kulfi

VORBEREITUNG 15 MIN. PLUS ZEIT ZUM RUHEN UND EINFRIEREN   GARZEIT 5 MIN.   FÜR 4 PERSONEN

750 ml SAHNE ▪ ¼ TL GETROCKNETE ROTE CHILIFLOCKEN ▪ 10 KARDAMOMKAPSELN, ZERDRÜCKT

▪ 1 GUTE PRISE SAFRANFÄDEN ▪ 175 g ZUCKER ▪ 2 TL ROSENWASSER ▪ 25 g GEMAHLENE MANDELN

▪ 25 g GEHACKTE PISTAZIEN ▪ ZUM GARNIEREN EINIGE FRISCHE ROSENBLÜTENBLÄTTER ODER MEHR PISTAZIEN

1 Sahne mit Chiliflocken, Kardamom und Safran in einen Topf geben. Aufkochen, vom Herd nehmen und abgedeckt 10–15 Min. ziehen lassen.

2 Durch ein Sieb in eine Schüssel gießen und den Zucker unterrühren, bis er sich aufgelöst hat. Rosenwasser, Mandeln und Pistazien unterrühren und abkühlen lassen.

3 Vier Förmchen à 150 ml Inhalt mit Frischhaltefolie auskleiden und die abgekühlte Kulfi-Mischung gleichmäßig darauf verteilen. Einfrieren, bis sie ganz fest sind.

4 Etwa 15 Min. vor dem Servieren aus dem Tiefkühlgerät nehmen. Auf Teller stürzen, die Folie abziehen und mit Rosenblüten oder Pistazien bestreut servieren.

Espressorisotto

VORBEREITUNG 10 MIN. PLUS RUHEZEIT   GARZEIT 35–40 MIN.   FÜR 4 PERSONEN

125 g RISOTTO- ODER MILCHREIS ▪ 150 ml WASSER ▪ 1 EL INSTANT-KAFFEEPULVER ▪ 600 ml SOJAMILCH ▪ 25 g BUTTER ▪ 2 EL RUM ▪ 150 ml CRÈME DOUBLE, LEICHT AUFGESCHLAGEN ▪ 1–2 EL GROBKÖRNIGER BRAUNER ZUCKER ZUM DEKORIEREN

1 Reis und Wasser in einen mittelgroßen Topf geben, aufkochen und 5 Min. köcheln lassen.

2 Instant-Kaffee und Sojamilch dazugeben. Aufkochen und unter gelegentlichem Rühren 20–30 Min. leicht köcheln lassen, bis der Reis weich und die Mischung sehr dick ist.

3 Vom Herd nehmen und Butter und Rum unterrühren, dann abdecken und mindestens 10 Min. bis zum Servieren stehen lassen.

4 In angewärmten Schälchen servieren. Auf jede Portion einen großzügigen Löffel Crème double und etwas Zucker geben – oder Crème und Zucker separat servieren.

Sojamilch ist gesund und macht dieses Risotto so wie auch Saucen cremig. Das Risotto schmeckt auch kalt, besonders, wenn man die geschlagene Crème unterhebt.

Honig-Ingwer-Pashka
mit Zartbitterschokoladensauce

VORBEREITUNG 10 MIN. PLUS RUHEZEIT ÜBER NACHT   GARZEIT 5 MIN.   FÜR 4 PERSONEN

50 g WEICHE BUTTER ▪ 4 EL FESTER HONIG ▪ 500 g RICOTTA ▪ ABGERIEBENE SCHALE VON 1 ORANGE UND

1 ZITRONE ▪ ½ TL VANILLEEXTRAKT ▪ 50 g ZITRONAT UND ORANGEAT, GEHACKT ▪ 50 g IN SIRUP EINGELEGTER

INGWER, ABGETROPFT UND GEHACKT ▪ 50 g ANGERÖSTETE MANDELBLÄTTCHEN ▪ EINIGE FRISCHE ESSBARE

BLÜTEN ZUM DEKORIEREN (NACH BELIEBEN)

SAUCE   100 g ZARTBITTERSCHOKOLADE, IN STÜCKE GEBROCHEN ▪ 75 ml WASSER

1 Einen sauberen Plastikblumentopf mit 15 cm Oberflächendurchmesser mit Küchenpapier auslegen.

2 Butter mit 2 EL Honig, Ricotta, Zitrusschalen und Vanille cremig rühren und Orangeat, Zitronat, Ingwer und die Hälfte der Mandelblättchen unterheben.

3 In den Blumentopf geben und die Oberfläche glatt streichen. Über eine Schüssel hängen, um die ablaufende Flüssigkeit aufzufangen, und 12−24 Std. in den Kühlschrank stellen.

4 Kurz vor dem Servieren die Schokolade mit dem Wasser bei schwacher Hitze schmelzen.

5 Zum Servieren die Pashka auf einen Teller stürzen – sie gleitet leicht heraus und das Papier kann abgezogen werden. Den restlichen Honig erhitzen und darübergießen, sodass er an den Seiten hinabläuft. Mit den restlichen Mandelblättchen bestreuen und den Teller nach Wunsch mit einigen Blüten dekorieren. Die Schokosauce dazu in einem kleinen Krug servieren.

Kokos-Honig-Eis mit Bananen-Sesam-Frittern

VORBEREITUNG 10 MIN. PLUS GEFRIERZEIT   GARZEIT 35 MIN.   FÜR 4 PERSONEN

400 ml KOKOSMILCH AUS DER DOSE (s. S. 41) ▪ 3 EL FESTER HONIG ▪ 300 ml CRÈME DOUBLE

BANANEN-FRITTERS   125 g MEHL ▪ 1 TL BACKPULVER ▪ 2 TL ZUCKER ▪ 175 ml WASSER

RAPSÖL ZUM ANBRATEN ODER FRITTIEREN ▪ 2 GROSSE BANANEN, SCHRÄG IN 1 cm DICKE SCHEIBEN GESCHNITTEN

▪ 25 g SESAM ▪ LIMETTENSPALTEN ZUM SERVIEREN

1 Zuerst die Eiscreme zubereiten. Kokosmilch mit Honig und Sahne verschlagen. In einen Gefrierbehälter füllen und im Tiefkühlfach gefrieren lassen. Während des Einfrierens mehrfach herausnehmen und gut durchrühren. Oder nach Herstelleranweisung in einer Eismaschine gefrieren lassen.

2 Etwa 30 Min. vor dem Servieren aus dem Eisfach nehmen, damit es etwas weicher wird.

3 Für die Fritter Mehl, Backpulver und Zucker verrühren und nach und nach mit dem Wasser mischen, bis ein glatter Teig entstanden ist.

4 Rapsöl in einer Pfanne oder Fritteuse erhitzen. Halten Sie einen Holzspieß in das Öl, wenn Bläschen aufsteigen, ist es heiß genug. Die Bananenscheiben durch den Teig ziehen und sofort ins heiße Öl geben – aber nicht zu viele gleichzeitig frittieren. Braten oder frittieren bis sie knusprig goldbraun sind, dann mit einem Schaumlöffel herausnehmen, auf Küchenpapier abtropfen lassen und mit Sesam bestreuen.

5 Wenn alle Fritter fertig sind, sofort mit Limettenspalten und Kokoseis servieren.

IM FREIEN

Ich liebe es, draußen zu essen. Vom ersten warmen Frühlingstag bis zum letzten Sommertag bin ich draußen. Ob das Essen auf dem Grill gegart, drinnen zubereitet und nach draußen getragen oder eingepackt und zu einem Picknick transportiert wird — draußen an der frischen Luft zu essen lässt alles besonders lecker schmecken.

Das Essen dafür muss nicht kompliziert sein, das ist ein Teil der Freude daran. Es muss nur aromatisch und reichlich sein, wie die Rezepte in diesem Kapitel. Es gibt die verschiedensten Arten, draußen zu essen — vom Brunch über Grillen, Picknick, Partys, Fingerfood oder Gabelbuffets. Die Sonne kann also kommen!

Camembertbaguettes mit Schalotten, Thymian und roten Johannisbeeren

VORBEREITUNG 20 MIN.   GARZEIT 30 MIN.   FÜR 4 PERSONEN

2 EL OLIVENÖL ▪ 250 g SCHALOTTEN, IN SCHEIBEN ▪ 4 THYMIANZWEIGE ▪ 125 g ROTE JOHANNISBEEREN ▪ 1 EL WASSER ▪ 125 g ZUCKER ▪ 2 KURZE BAGUETTES ▪ 250 g CAMEMBERT, MIT RINDE IN SCHEIBEN GESCHNITTEN ▪ BLATTSALAT ZUM SERVIEREN

1 Einen EL Olivenöl in einem Topf erhitzen. Schalotten und Thymian hineingeben und abgedeckt in 10–15 Min. weich dünsten.

2 Für die Sauce Johannisbeeren mit dem Wasser in einen Topf geben und 2–3 Min. erhitzen, bis der Saft austritt. Zucker dazugeben und 5 Min. köcheln lassen, dann vom Herd nehmen.

3 Baguettes längs aufschneiden und jedes Stück einmal halbieren, sodass acht Stücke entstehen. Einen Großteil des weichen Inneren herausnehmen – es wird nicht benötigt.

4 Baguettes in eine Grillpfanne legen. Eine Lage Schalotten hineingeben, nach Wunsch mit dem Thymian. Die Camembertscheiben darauflegen. Etwas Johannisbeermischung darauf verteilen – vermutlich braucht man nicht alles auf.

5 Die Ränder der Baguettes mit dem restlichen Öl bestreichen und 5–10 Min. unter den heißen Ofengrill geben, bis das Baguette knusprig ist und der Camembert geschmolzen und stellenweise gebräunt. Sofort mit Blattsalat servieren.

Die frischen Johannisbeeren können auch durch Johannisbeermarmelade oder Preiselbeeren ersetzt werden.

Salbei-Zwiebel-Würstchen mit Apfel

VORBEREITUNG 15 MIN.   GARZEIT 20 MIN.   FÜR 4 PERSONEN

2 EL OLIVENÖL PLUS ETWAS MEHR ZUM BRATEN ▪ 2 ZWIEBELN, GEHACKT ▪ 125 g ALTBACKENES WEISSBROT, IN STÜCKE ZERRISSEN ▪ 10–12 SALBEIBLÄTTER ▪ 125 g CHEDDAR, IN GROBE STÜCKE ZERBROCHEN ▪ 125 g SÜSSER DESSERTAPFEL, GESCHÄLT, ENTKERNT UND IN STÜCKE GESCHNITTEN ▪ SALZ UND PFEFFER

1 Olivenöl in einer Pfanne erhitzen und die Zwiebeln darin 10 Min. weich braten. Mit Brot, Salbei, Cheddar, Apfel und etwas Salz und Pfeffer im Mixer verarbeiten, bis die Masse zusammenhält.

2 Mit Salz und Pfeffer erneut abschmecken. In 12 Stücke zerteilen und jedes Stück zu einem dicken Würstchen formen und fest zusammenpressen.

3 Die „Würstchen" mit Öl bestreichen und grillen oder in wenig Öl in der Pfanne rundum goldbraun braten. Auf Küchenpapier abtropfen lassen und heiß verzehren.

Diese Würstchen können sowohl gebraten als auch unter dem Ofengrill oder auf dem Holzkohlegrill zubereitet werden.

Würzige Bohnenküchlein mit Zitronenmayonnaise

VORBEREITUNG 20 MIN. GARZEIT 30–35 MIN. FÜR 4 PERSONEN

ZITRONENMAYONNAISE 1 EI ▪ 1 TL DIJONSENF ▪ 1 EL FRISCH GEPRESSTER ZITRONENSAFT
▪ 300 ml HELLES OLIVENÖL ODER EIN ANDERES NEUTRALES ÖL ▪ SALZ UND PFEFFER
BOHNENKÜCHLEIN 1 EL OLIVENÖL ▪ 1 ZWIEBEL, FEIN GEHACKT ▪ 1 ROTE PAPRIKA, ENTKERNT UND
GEHACKT ▪ 2 KNOBLAUCHZEHEN, FEIN GEHACKT ▪ 1 TL KREUZKÜMMELSAMEN ▪ ¼–½ TL GETROCKNETE
ROTE CHILIFLOCKEN ▪ 2 DOSEN SCHWARZE BOHNEN ODER ROTE KIDNEYBOHNEN, à 410 g, ABGEGOSSEN
▪ 4 EL GROB GEHACKTER KORIANDER ▪ 2 EL ZITRONENMAYONNAISE (s. OBEN) ▪ 50 g WEICHE
BROTKRUMEN ▪ ETWAS POLENTA ODER PANIERMEHL ▪ RAPSÖL ODER HELLES OLIVENÖL ZUM
BRATEN ▪ ZITRONENSPALTEN ZUM SERVIEREN

1 Für die Mayonnaise Ei, Senf, Zitronensaft, Salz und Pfeffer im Mixer oder mit dem Handrührgerät einige Sekunden verschlagen. Bei laufendem Motor sehr langsam das Öl hineingießen, zunächst nur tröpfchenweise, später etwas mehr, während die Mayonnaise dicker wird. Wenn das Öl vollständig eingearbeitet ist, sollte die Mayonnaise sehr dick sein. Abschmecken und beiseitestellen.

2 Für die Bohnenküchlein Olivenöl in einem Topf erhitzen und die Zwiebel darin abgedeckt 5 Min. dünsten. Paprika und Knoblauch hinzufügen und weitere 10–15 Min. abgedeckt dünsten, bis alles weich ist. Kreuzkümmel und Chili unterrühren, noch mal 1–2 Min. dünsten und vom Herd nehmen.

3 Die Bohnen zur Zwiebelmischung geben und mit einem Kartoffelstampfer grob zerstampfen oder in der Küchenmaschine kurz und nicht zu fein pürieren. Koriander, Mayonnaise und Brotkrumen unterrühren. Die weiche Mischung sollte zusammenhalten. Mit Salz und Pfeffer abschmecken.

4 Zu acht Küchlein formen und in Polenta oder Paniermehl wenden. In Raps- oder Olivenöl auf beiden Seiten etwa 2–3 Min. knusprig braten. Auf Küchenpapier abtropfen lassen und mit der restlichen Zitronenmayonnaise und Zitronenspalten servieren.

Frühkartoffeln und Champignons auf Rosmarinspießen

VORBEREITUNG 15 MIN.   GARZEIT 25 MIN.   FÜR 4 PERSONEN

18 SEHR KLEINE FRÜHKARTOFFELN ▪ 6 ROSMARINZWEIGE, 25–30 cm LANG ▪ 18 KLEINE GESCHLOSSENE CHAMPIGNONS ▪ 2–3 EL OLIVENÖL ▪ MEERSALZ ▪ ZITRONENMAYONNAISE (s. S. 143), ERDNUSSDIP (s. S. 121) ODER PAPRIKA-HUMMUS (s. S. 37) ZUM SERVIEREN

1 Kartoffeln in einem Topf mit Wasser bedecken und aufkochen. Köcheln lassen, bis sie gerade weich sind, wenn man mit einem Messer hineinsticht – je nach Größe etwa 6–10 Min. Abgießen und abkühlen lassen.

2 Mit den Fingern die meisten Rosmarinnadeln von den Zweigen entfernen, nur an der Spitze etwa 7–10 cm stehen lassen.

3 Pilze und Kartoffeln abwechselnd auf die Rosmarinzweige auffädeln – das sollte nicht allzu schwer gehen. Mit Olivenöl bestreichen.

4 Die Spieße auf einen Grill oder unter den vorgeheizten Ofengrill geben, die Rosmarinnadeln aber von der Hitze fernhalten oder mit Alufolie umwickeln. Etwa 15 Min. grillen, bis die Kartoffeln goldbraun und die Pilze weich sind. Mit Meersalz bestreuen und Zitronenmayonnaise, Erdnussdip oder rotes Hummus dazu servieren.

Wenn Sie keine Frühkartoffeln finden, die klein genug sind, benutzen Sie normale und halbieren sie. Statt Rosmarinzweigen können auch Holzspieße verwendet werden.

Nussbällchen in knuspriger Polentakruste

VORBEREITUNG 20 MIN.   GARZEIT 20 MIN.   ERGIBT 24 STÜCK

75 g BUTTER ▪ 2 KNOBLAUCHZEHEN, ZERDRÜCKT ▪ 1 KLEINE ZWIEBEL, FEIN GEHACKT
▪ 25 g FEINES VOLLKORNMEHL ▪ 200 ml SOJAMILCH ▪ 2 TL GEHACKTER OREGANO ▪ 50 g HASELNÜSSE, FEIN
GEMAHLEN ▪ 1 EI, VERSCHLAGEN ▪ TROCKENE POLENTA ZUM PANIEREN ▪ RAPSÖL ZUM FRITTIEREN
▪ SALZ UND PFEFFER ▪ ZITRONENSPALTEN ZUM SERVIEREN

1 Den Knoblauch mit 50 g der Butter cremig verschlagen, zu einem Block formen und in Folie gewickelt im Kühlschrank fest werden lassen. Dieser Schritt kann gut vorbereitet werden.

2 Die Nussmischung muss ebenfalls vorbereitet werden, damit sie abkühlen kann. Dafür die restliche Butter in einem Topf schmelzen und die Zwiebel 7 Min. darin weich braten. Das Mehl einrühren und 2–3 Min. anbraten, aber nicht bräunen lassen. Dann die Sojamilch angießen und rühren, bis die Mischung sehr dick wird. Vom Herd nehmen und Oregano, gemahlene Haselnüsse und Salz und Pfeffer nach Geschmack unterrühren. Auf einem Teller verstreichen und abkühlen lassen.

3 Die feste Knoblauchbutter in 24 Stücke zerteilen. Einen gehäuften TL der Nussmischung zu einer Kugel formen und ein Stück Knoblauchbutter hineinpressen. Die Kugel verschließen und mit verschlagenem Ei und Polenta panieren. Fortfahren, bis Butter und Nussmischung aufgebraucht und zu 24 Nussbällchen verarbeitet sind.

4 Rapsöl auf 180 °C erhitzen oder bis ein Brotwürfel darin sofort zur Oberfläche steigt und in 30 Sek. bräunt. Einige Nussbällchen hineingeben und 1–2 Min. frittieren, bis sie goldbraun und knusprig sind. Auf Küchenpapier abtropfen lassen. Mit den restlichen Nussbällchen ebenso verfahren.

5 Nussbällchen auf eine Platte legen und mit Zahnstochern und Zitronenspalten oder einer Schale Sojasaucen-Dip oder Mayonnaise servieren.

In jedem Nussbällchen versteckt sich etwas Knoblauchbutter, die eine wunderbare Geschmacksexplosion hervorruft, wenn man hineinbeißt. Am besten serviert man sie mit Zahnstochern und einer Sauce: Mayonnaise, wenn man Lust auf etwas Cremiges hat oder einen Sojasaucen-Dip nach japanischer Art für frische Würze.

Japanisches aufgerolltes Omelette mit Dip

VORBEREITUNG 20 MIN.   GARZEIT 15 MIN.   FÜR 4 PERSONEN

8 EIER ▪ 8 TL SOJASAUCE ▪ 8 EL WASSER ▪ 4 TL RAPSÖL ZUM BRATEN ▪ 2–3 TL SESAM, IN EINER PFANNE ANGERÖSTET ▪ FRÜHLINGSZWIEBELSTREIFEN ZUM GARNIEREN

SOJASAUCEN-DIP   2 EL SOJASAUCE ▪ 2 EL MIRIN ▪ 2 EL SAKE

1 Für den Dip alle Zutaten vermischen, in eine Schüssel geben und beiseitestellen.

2 Die angegebene Menge reicht für vier Omelettes, die zerschnitten 32 Stücke ergeben. Man kann die ganze Mischung auf einmal zubereiten, ich finde es aber einfacher, immer nur genug für ein Omelette herzustellen.

3 Dafür 2 Eier mit 2 TL Sojasauce und 2 EL Wasser verschlagen. Eine Pfanne mit 1 TL Rapsöl einstreichen und erhitzen. Vom verschlagenen Ei 2–3 EL hineingeben, sodass der Boden der Pfanne gerade bedeckt ist. Es stockt sofort, man sollte also bereit sein, es mit einem Spatel zu lösen und fest aufzurollen.

4 Das Omelette an den Rand der Pfanne schieben und weitere 2–3 EL in die Pfanne geben. Diese bis zu den Rändern der Pfanne und um das fertige Omelette herum fließen lassen. Wenn das zweite Omelette gestockt ist, das aufgerollte darüberrollen und wieder an den Rand der Pfanne schieben.

5 Fortfahren, bis die Mischung vollständig aufgebraucht ist, und ein ziemlich dickes aufgerolltes Omelette entstanden ist. Aus der Pfanne nehmen und fest in Alufolie einwickeln, damit die Lagen zusammenkleben. Drei weitere aufgerollte Omelettes auf dieselbe Art herstellen und vor jedem neuen Omelette 1 TL Rapsöl in die Pfanne geben.

6 Vor dem Servieren – das kann warm oder kalt sein – die Omelettes auswickeln und in 1 cm dicke Scheiben schneiden. Auf einer Servierplatte den Dip in die Mitte stellen und die Omelettescheiben rundherum anrichten. Mit Sesam bestreuen und nach Wunsch mit Frühlingszwiebeln garnieren.

Dieses klassische japanische Gericht heißt Tamago und ist ideal zum Brunch oder als Fingerfood für eine Party.

Tomaten mit Knoblauch–Basilikum–Rührei gefüllt

VORBEREITUNG 10 MIN. GARZEIT 15 MIN. FÜR 4 PERSONEN

4 FLEISCHTOMATEN ▪ 2 EL MILCH ODER SAHNE ▪ 8 EIER, VERSCHLAGEN ▪ 50 g BUTTER

▪ 1 KNOBLAUCHZEHE, ZERDRÜCKT ▪ 8 GROSSE BASILIKUMBLÄTTER, ZERRUPFT ▪ SALZ UND PFEFFER

▪ GEBUTTERTER VOLLKORNTOAST ZUM SERVIEREN

1 Die Tomaten quer halbieren und Kerne und Fruchtfleisch mit einem Teelöffel herauslösen. Es wird für dieses Rezept nicht benötigt, kann aber in eine Suppe oder Auflauf gegeben oder einfach so gegessen werden.

2 Die Innenseiten der Tomaten mit Salz und Pfeffer würzen und die Tomaten mit der Schnittfläche nach oben in eine flache Auflaufform geben. Unter dem vorgeheizten Grill etwa 10 Min. grillen, bis sie weich, aber noch nicht zusammengefallen sind.

3 Kurz bevor die Tomaten fertig sind, die Rühreier zubereiten. Milch oder Sahne mit dem verschlagenen Ei mischen und mit Salz und Pfeffer würzen.

4 Die Hälfte der Butter in kleine Stückchen schneiden und beiseitestellen. Die andere Hälfte in einem Topf schmelzen und den Knoblauch darin einige Sek. anbraten, aber nicht bräunen lassen.

5 Die Eier hineingeben und bei geringer Hitze rühren, bis sie zu stocken beginnen. Sofort die restliche Butter und das Basilikum hinzufügen und vom Herd nehmen – die Eier garen auf der Resthitze fertig.

6 Das Rührei gleichmäßig auf die Tomatenhälften verteilen und sofort mit warmem Vollkorntoast servieren.

Gegrillte Polenta mit gerösteten Tomaten

VORBEREITUNG 15 MIN.   GARZEIT 50 MIN.   FÜR 4 PERSONEN

1,2 l WASSER ▪ 250 g INSTANT-POLENTA ▪ 125 g PARMESAN ODER WÜRZIGER CHEDDAR, GERIEBEN
▪ OLIVENÖL ZUM BESTREICHEN ▪ SALZ UND PFEFFER

GERÖSTETE TOMATEN   1,1 kg STRAUCHTOMATEN ▪ 2 EL OLIVENÖL ▪ 2 EL BALSAMICOESSIG
▪ 8–10 THYMIANZWEIGE

1 Für die Polenta das Wasser in einem großen Topf aufkochen. Die Polenta unter ständigem Rühren in einem dünnen Strahl einrieseln lassen. Unter ständigem Rühren 5–10 Min. köcheln lassen, bis die Polenta sehr dick ist und sich vom Topf löst.

2 Vom Herd nehmen und den Käse einrühren. Mit Salz und Pfeffer abschmecken. Auf ein leicht geöltes Blech oder einen großen Teller geben und zu einer 5–7 mm dicken Schicht verstreichen. Vollständig abkühlen und fest werden lassen.

3 Die Tomaten mit ihren Zweigen in eine Auflaufform geben. Olivenöl und Balsamico darüberträufeln, mit Salz und Thymian bestreuen und im vorgeheizten Ofen bei 200 °C (Gas Stufe 6) 40–45 Min. backen.

4 Kurz vor dem Servieren die Polenta in dreieckige Stücke schneiden, dünn mit Öl bestreichen und unter dem vorgeheizten Ofengrill auf beiden Seiten knusprig grillen und leicht bräunen. Sofort mit den Tomaten servieren.

Der Geschmack der Polenta kann variiert werden, z. B. mit gehackten schwarzen oder grünen Oliven statt Käse oder viel gehacktem Thymian und Oregano.

Stilton-Pâté mit gerösteten kleinen Roten Beten, Dill und Chicoréesalat

VORBEREITUNG 15 MIN.   GARZEIT 1–1 ½ STD.   FÜR 4 PERSONEN

450 g KLEINE ROTE BETE, WENN MÖGLICH NICHT GRÖSSER ALS PFLAUMEN ▪ OLIVENÖL ZUM EINREIBEN ▪ DILLZWEIGE UND GROB GEMAHLENER SCHWARZER PFEFFER ZUM GARNIEREN ▪ RUSTIKALES BROT ZUM SERVIEREN

STILTON-PÂTÉ   200 g FETTARMER FRISCHKÄSE ▪ 1 TL DIJONSENF ▪ 200 g STILTON, GROB ZERBRÖSELT ▪ 1 EL PORTWEIN ODER SÜSSER SHERRY ▪ PFEFFER

SALAT   2–3 CHICORÉESALATE ▪ 1 BUND BRUNNENKRESSE ▪ 50 g WALNÜSSE

1 Wenn die Roten Beten noch Blätter haben, diese abschneiden aber 5 cm Blattansatz stehen lassen. Rote Bete vorsichtig schrubben, die Haut dabei aber nicht verletzen und das lange Wurzelende nicht entfernen, wenn es noch vorhanden ist. Mit etwas Olivenöl einreiben, fest in Alufolie wickeln und im vorgeheizten Ofen bei 200 °C (Gas Stufe 6) 1–1 ½ Stunden backen, bis sie ganz weich sind, wenn man mit einem Messer hineinsticht. Für die letzten 30 Min. kann man sie aus der Folie nehmen, sie sollten aber nicht zu knusprig werden. Ich esse die Schale mit, aber die meisten Leute reiben die Schale ab, bevor sie die Rote Bete essen.

2 Die Pâté zubereiten, während die Roten Beten im Ofen sind. Frischkäse, Senf, Stilton und Portwein oder Sherry im Mixer vermischen und mit etwas Pfeffer würzen.

3 Alle Zutaten für den Salat vermischen.

4 Zum Servieren einen Löffel Pâté auf jeden Teller geben. Die Roten Beten daneben anrichten – sehr kleine können ganz gelassen werden, größere werden zerteilt. Mit einem Dillzweig garnieren und etwas schwarzen Pfeffer grob darübermahlen. Mit dem Salat und einem rustikalen Brot servieren.

Linsen–Oliven–Dip mit gegrilltem Fenchel

VORBEREITUNG 10 MIN.   GARZEIT 10 MIN.   FÜR 4 PERSONEN

4 FENCHELKNOLLEN ▪ 2 EL OLIVENÖL ▪ SALZ UND PFEFFER ▪ ZITRONENSPALTEN ZUM SERVIEREN

DIP   2 KNOBLAUCHZEHEN ▪ 410 g GRÜNE LINSEN AUS DER DOSE, ABGEGOSSEN ▪ 150 g SCHWARZE OLIVEN, Z. B. KALAMATA, ENTSTEINT

1 Die Spitzen des Fenchels abschneiden und mit einem scharfen Messer oder Sparschäler eine dünne Schicht abschälen, um harte Fasern zu entfernen. Die Knollen halbieren und je nach Größe in vier oder sechs Stücke zerteilen. Die Stücke mit Olivenöl bestreichen und auf dem Holzkohlegrill oder unter dem sehr heißen Ofengrill 10 Min. grillen, bis sie weich und gebräunt sind, dabei nach Bedarf wenden.

2 Für den Dip die Knoblauchzehen im Mixer pürieren, Linsen und Oliven dazugeben und zu einem dicken, nicht ganz glatten Aufstrich verarbeiten.

3 Dip auf eine Platte häufen, die Fenchelstücke rundherum arrangieren und mit Zitronenspalten servieren.

Käsemuffins mit getrockneten Tomaten

VORBEREITUNG 10 MIN.   GARZEIT 20 MIN.   ERGIBT 9 STÜCK

225 g HÜTTENKÄSE ▪ 65 g PARMESAN, FRISCH GERIEBEN ▪ 50 g SOJAMEHL ▪ 100 g GEMAHLENE MANDELN
▪ 1 TL BACKPULVER ▪ 8 STÜCKE GETROCKNETE TOMATEN, FEIN GEHACKT ▪ 4 EL GEHACKTER BASILIKUM
▪ 4 EL WASSER ▪ 4 EIER ▪ SALZ UND PFEFFER

1 Eine Muffinform mit neun Vertiefungen mit Papierförmchen auslegen.

2 Hüttenkäse mit Parmesan mischen, dabei 15 g Parmesan übrig lassen. Sojamehl, Mandeln, Backpulver, Tomaten, Basilikum, Wasser und Eier dazugeben, mit Salz und Pfeffer würzen und gut verrühren.

3 Auf die Muffinförmchen verteilen, mit dem restlichen Parmesan bestreuen und im vorgeheizten Ofen bei 200 °C (Gas Stufe 6) 20 Min. backen, bis die Muffins aufgegangen und goldbraun sind. So bald wie möglich servieren – warm schmecken sie einfach herrlich.

Jeder liebt diese leichten, eiweißreichen, würzigen Muffins – da sie kein Weizenmehl enthalten, sind sie ideal für Leute, die ihre Kohlenhydrataufnahme reduzieren wollen.

Halloumi mit Limettenvinaigrette und Minze in Mini-Pitas

VORBEREITUNG 10 MIN.   GARZEIT 10 MIN.   FÜR 4 PERSONEN

ABGERIEBENE SCHALE UND SAFT VON 2 LIMETTEN ▪ 4 EL OLIVENÖL ▪ 500 g HALLOUMI-KÄSE
▪ 8 MINI-PITABROTE ▪ BLÄTTER VON 1 BUND MINZE, GROB GEHACKT ▪ ½ GURKE, LÄNGS IN DÜNNE SCHEIBEN
GESCHNITTEN ▪ SALZ UND PFEFFER

1 Für die Vinaigrette Limettensaft und -schale mit Olivenöl und etwas Pfeffer verrühren – geben Sie noch kein Salz dazu, da das Salz des Halloumi eventuell ausreicht. Beiseitestellen.

2 Den Halloumi abtropfen lassen und mit Küchenpapier trocken tupfen. In etwa 5 mm dicke Scheiben schneiden und in einer Lage in eine ungeölte Grillpfanne legen. Bei mittlerer Hitze auf einer Seite 1–2 Min. braten, bis er gebräunt ist, dann wenden und die andere Seite braten.

3 Währenddessen die Pitabrote unter dem Grill toasten.

4 Halloumi aus der Pfanne nehmen und in eine flache Servierschale geben. Die Limettenvinaigrette darübergießen und die Minze daraufstreuen. Mit getoasteten Pitabroten und Gurkenscheiben servieren.

Dieses Gericht ist frisch und kann gut vorbereitet werden.
Ich finde es praktisch für unerwartete Gäste, da es leicht zuzubereiten ist und abgepackter Halloumi im Kühlschrank lange haltbar ist.

Obstsalat aus Honigmelonen und Erdbeeren mit Minze

VORBEREITUNG 15 MIN. PLUS RUHEZEIT   FÜR 4 PERSONEN

20 g MINZEBLÄTTER ▪ 75 g ZUCKER ODER FLÜSSIGER HONIG ▪ 1 REIFE HONIGMELONE

▪ 500 g ERDBEEREN, GEPUTZT

1 Minze in eine Schüssel geben und mit einem Holzlöffel oder dem Ende eines Nudelholzes leicht zerdrücken. Zucker oder Honig dazugeben, nochmals zerdrücken und beiseitestellen.

2 Die Melone halbieren und die Kerne entfernen. Mit einem Melonenkugelstecher Bällchen ausstechen oder das Fruchtfleisch mit einem scharfen Messer in mundgerechte Stücke schneiden.

3 Melonenstücke und Erdbeeren in die Schüssel mit der Minze geben. Umrühren, abdecken und 1–4 Std. ziehen lassen. Der Obstsalat zieht Saft und schmeckt gekühlt, aber nicht eiskalt, sehr erfrischend.

Man kann am Geruch nicht erkennen, ob eine Honigmelone reif ist, deshalb sollte man sie im Juli oder August von einem guten Obsthändler kaufen, wenn man sichergehen will, dass man eine perfekte süße und weiche Melone bekommt.

Aromatischer Karottenkuchen

VORBEREITUNG 20 MIN.   GARZEIT 1 ¼ STD.   FÜR 4 PERSONEN

250 g KAROTTEN, GESCHABT UND GERASPELT ▪ 125 g ROSINEN ▪ 6 EL RAPS- ODER OLIVENÖL

▪ 125 g ROHROHRZUCKER ▪ 250 g MEHL ▪ 2 TL BACKPULVER ▪ 1 TL GEMAHLENE MUSKATNUSS

▪ 1 TL GEMAHLENER ZIMT ▪ 8 EL APFELSAFTKONZENTRAT (AUS DEM BIOLADEN) ODER ECHTEN AHORNSIRUP

▪ 4 EL ORANGENSAFT

BELAG   200 g MILCHFREIE ALTERNATIVE ZU FRISCHKÄSE ▪ ABGERIEBENE SCHALE VON 1 ORANGE

▪ 25 g ZUCKER ▪ ORANGENZESTEN ZUM GARNIEREN

1 Eine quadratische Backform von 20 × 20 cm mit Backpapier auslegen.

2 Karotten, Rosinen, Öl und Zucker in eine Schüssel geben und vermischen. Mehl, Muskat, Zimt, Apfel- und Orangensaft dazugeben und alles gut vermischen. Der Teig ist ziemlich klebrig.

3 Teig in die vorbereitete Form geben, glatt streichen und im vorgeheizten Ofen bei 160 °C (Gas Stufe 3) 1 ¼ Std. backen, bis ein hineingestochener Spieß sauber herauskommt. In der Form vollständig abkühlen lassen.

4 Für den Belag die Alternative zum Frischkäse mit Orangenschale und Zucker mischen und auf den abgekühlten Kuchen streichen. Mit Orangenzesten garnieren.

Gegrillte Ananas mit Palmzucker und Crème fraîche

VORBEREITUNG 10 MIN.   GARZEIT 10 MIN.   FÜR 4 PERSONEN

1 GROSSE REIFE SAFTIGE ANANAS ▪ NEUTRALES SPEISEÖL WIE RAPSÖL ZUM EINPINSELN ▪ 300 ml CRÈME FRAÎCHE

175 g PALMZUCKER, GEHACKT, WENN ER ALS BLOCK GEKAUFT WURDE

1 Die Ananas durch die Blätter längs halbieren und in je sechs oder acht Spalten zerteilen. Die Spalten sollten nicht dicker als 1 cm sein. Rundum mit Öl bestreichen.

2 Ananasscheiben auf den Grill legen oder in einer Grillpfanne unter dem Ofengrill platzieren. Insgesamt etwa 10 Min. grillen, dabei nach der Hälfte der Zeit umdrehen. Von der Hitze nehmen und mit Palmzucker bestreuen.

3 Ananas mit einer Schale Crème fraîche und zusätzlichem Palmzucker servieren.

Man kann die Ananas im Ofen grillen, aber am schönsten ist es, sie am Ende einer Mahlzeit auf den Grill zu legen, wenn die Kohlen schon fast verglüht sind. Ein wunderbares Finale für ein Essen im Freien.

Waffeln mit Schwarzkirschsauce und saurer Sahne

VORBEREITUNG 15 MIN. GARZEIT 20 MIN. FÜR 4 PERSONEN

175 g MEHL ▪ 1 TL BACKPULVER ▪ ½ TL SALZ ▪ 4 TL ZUCKER ▪ 2 EL OLIVENÖL ▪ 2 EIER ▪ 250 ml MILCH

▪ 25–50 g GESCHMOLZENE BUTTER ▪ 300 ml SAURE SAHNE UND ZUCKER ZUM SERVIEREN

KIRSCHSAUCE 1 kg SCHWARZKIRSCHEN, ENTKERNT ▪ 150 ml WASSER PLUS 1–2 EL MEHR

▪ 2 TL SPEISESTÄRKE ▪ 4 EL ZUCKER

1 Zunächst die Kirschen mit 150 ml Wasser in einen Topf geben, aufkochen und 5 Min. sanft köcheln lassen, bis sie weich sind.

2 Stärke mit 1–2 EL kaltem Wasser mischen und zu den Kirschen geben. Aufkochen und 1–2 Min. rühren, bis die Sauce leicht angedickt ist. Zucker unterrühren, vom Herd nehmen und beiseitestellen.

3 Für den Waffel- oder Pfannkuchenteig Mehl, Backpulver, Salz und Zucker in eine Schüssel geben. Eine Vertiefung in die Mitte drücken und das Öl und die Eier hineingeben. Mit einem Holzlöffel oder Schneebesen verschlagen, dann nach und nach die Milch unterrühren bis der Teig dickflüssig ist. Abgedeckt beiseitestellen, bis der Teig benötigt wird.

4 Die Waffeln im Waffeleisen nach Herstellerangaben backen. Das Waffeleisen nach Bedarf mit Butter einfetten. Alternativ kann man den Teig als Pfannkuchen backen. Dazu 1 TL Butter in einer Pfanne erhitzen, bis ein hineinfallender Wassertropfen spritzt. Nun 2–3 EL Teig in die Pfanne geben. Die Pfanne schwenken, damit er sich gleichmäßig verteilt. Nach einigen Sekunden wenden und die andere Seite braten. Aus der Pfanne heben und mit dem restlichen Teig fortfahren.

5 Waffeln oder Pfannkuchen mit heißer, lauwarmer oder kalter Kirschsauce, saurer Sahne und Zucker servieren.

Diese Kombination ist köstlich. Wenn man kein Waffeleisen besitzt, kann man wie oben beschrieben auch Pfannkuchen aus dem Teig herstellen. Ein Kirschentkerner ist ein billiges und sehr nützliches Gerät, um die Kirschen zu entsteinen.

FESTE FEIERN

Essen spielt bei vielen Festen und Feiertagen eine wichtige Rolle und hier finden Sie einige Rezepte, die Ihren Feiern richtig Pep verleihen. Da ist der wunderbare *Ricottakuchen mit Honig-Kardamom-Gemüse* im Sommer, eine *Wildpilzroulade* für den Herbst und eine *marokkanisch gewürzte Aubergine Wellington* für Thanksgiving.

Die *Weihnachts-Galette* steckt voller traditioneller Winteraromen und gehört zu den Lieblingsrezepten meiner Familie, *Gebackener Brie in Filoteig mit Aprikosensauce* dagegen verwandelt jeden Tag in einen Feiertag. Nicht zu vergessen die Desserts: Wer kann schon der *Himbeer-Rosen-Pavlova* widerstehen, der Königin aller Desserts?

Rote Linsensuppe mit gerösteter Paprika

VORBEREITUNG 20 MIN.   GARZEIT 40 MIN.   FÜR 6 PERSONEN

2 ROTE ZWIEBELN, IN 2,5 cm GROSSE STÜCKE GESCHNITTEN ▪ 2 TL OLIVENÖL ▪ 2 ROTE PAPRIKA, HALBIERT
UND ENTKERNT ▪ 4 KNOBLAUCHZEHEN, UNGESCHÄLT ▪ EINE KLEINE HANDVOLL THYMIAN ▪ 125 g GESPALTENE
ROTE LINSEN ▪ 600 ml WASSER ▪ 2 LORBEERBLÄTTER ▪ SALZ UND PFEFFER ▪ GEHACKTER BASILIKUM UND
GEHOBELTER PARMESAN ZUM SERVIEREN

1 Zwiebeln in Olivenöl wenden und mit den Paprika, die nicht geölt werden müssen, auf ein Blech legen. Im vorgeheizten Ofen bei 180 °C (Gas Stufe 4) 30 Min. rösten, bis das Gemüse fast weich ist. Knoblauch und Thymian dazulegen und weitere 10 Min. rösten, bis alles weich ist. Zum Abkühlen beiseitestellen.

2 Währenddessen die roten Linsen mit Wasser und Lorbeerblättern in einen Topf geben. Aufkochen und 15 Min. köcheln lassen, bis die Linsen weich und ganz hell sind. Die Lorbeerblätter entfernen.

3 So viel wie möglich von der Paprikaschale abreiben. Wenn ein wenig übrig bleibt, ist das aber nicht schlimm. Knoblauch mit den Fingern aus der Schale pressen. Paprika und Knoblauch mit den Zwiebeln in den Mixer geben (den Thymian wegwerfen). Die Linsen mit der Kochflüssigkeit dazugeben und cremig pürieren. Wenn nötig, kann die Suppe mit etwas Wasser verdünnt werden.

4 Zurück in den Topf geben und vorsichtig erhitzen. Mit Salz und Pfeffer abschmecken, in angewärmte Suppenschalen geben und mit etwas Basilikum und dünn gehobeltem Parmesan servieren.

Eins meiner Lieblingsrezepte, wenn ich
Gäste habe. Es schmeckt köstlich und sieht
auf jedem Tisch toll aus.

Wildpilzroulade

VORBEREITUNG 20 MIN.   GARZEIT 25 MIN.   FÜR 6 PERSONEN

20 g GLATTE PETERSILIE ▪ 175 g FETTARMER FRISCHKÄSE ▪ 175 g GRUYÈRE, FEIN GERIEBEN ▪ 4 EIER, GETRENNT ▪ SALZ UND PFEFFER ▪ TOMATENSAUCE (s. S. 128) ZUM SERVIEREN

FÜLLUNG   1 EL OLIVENÖL ▪ 500 g GEMISCHTE WILDE PILZE ODER AUSTERNPILZE ▪ 4 KNOBLAUCHZEHEN, FEIN GEHACKT ▪ 150 g KNOBLAUCH-KRÄUTER-FRISCHKÄSE ▪ 1–2 EL HEISSES WASSER

1 Ein Blech von 23 × 33 cm so mit Backpapier auslegen, dass das Papier an allen Seiten etwa 5 cm übersteht.

2 Die Hälfte der Petersilie zum Garnieren beiseitelegen. Den Rest hacken und mit dem Frischkäse, Gruyère und den Eigelben gut vermischen und mit Salz und Pfeffer würzen.

3 In einer anderen Schüssel das Eiweiß zu Schnee steif schlagen und mit einem Metalllöffel unter die Käsemischung heben.

4 Den Teig auf das Blech geben und gleichmäßig bis in die Ecken verstreichen. Im vorgeheizten Ofen bei 200 °C (Gas Stufe 6) 12 Min. backen, bis der Teig fest, goldbraun und gut aufgegangen ist.

5 Während die Roulade im Ofen ist, die Füllung zubereiten. Öl in einem großen Topf erhitzen und Pilze und Knoblauch darin bei großer Hitze in etwa 4–5 Min. weich braten. Die Roulade kann nun sofort zusammengestellt werden oder erst, wenn der Teig etwas abgekühlt ist, was das Aufrollen etwas leichter macht.

6 Ein großes Stück Backpapier, etwas größer als die Roulade, auf die Arbeitsfläche legen und die Roulade darauf stürzen. Das obere Backpapier von der Roulade abziehen.

7 Frischkäse mit etwas heißem Wasser verrühren, damit er weicher ist, und gleichmäßig auf der Roulade verstreichen. Die Pilze darauf, bis auf einen 1 cm breiten Rand an den kurzen Seiten, verteilen. Dicke Pilzstiele sollten parallel zu den kurzen Seiten liegen – das erleichtert das Aufrollen. Mit der kurzen Seite beginnend etwa 1 cm der Roulade nach oben falten und fest andrücken. Mit dem Papier als Hilfe die Roulade fest aufrollen und in Form drücken, wenn sie ganz aufgerollt ist.

8 Mit der Naht nach unten auf eine hitzefeste Servierplatte legen. Nun entweder im Ofen 5–10 Min. erhitzen, bis die Roulade sehr heiß ist, oder vollständig abkühlen lassen und später 10–15 Min. erhitzen. Die Roulade geht dabei etwas auf und duftet herrlich.

9 Mit der restlichen Petersilie garnieren und in dicken Scheiben mit Tomatensauce servieren.

Kürbis mit Steinpilz-Knoblauch-Füllung und Selleriepüree

VORBEREITUNG 20 MIN.   GARZEIT 45 MIN.   FÜR 6 PERSONEN

45 g GETROCKNETE STEINPILZE ▪ 6 GROSSE KNOBLAUCHZEHEN ▪ 4 EL OLIVENÖL ▪ 2 BUTTERNUSS-KÜRBISSE
▪ SALZ UND PFEFFER ▪ GLATTE PETERSILIE ZUM GARNIEREN

SELLERIEPÜREE   750 g KNOLLENSELLERIE, IN GLEICH GROSSE STÜCKE GESCHNITTEN ▪ 500 g KARTOFFELN,
GESCHÄLT UND IN GLEICH GROSSE STÜCKE GESCHNITTEN ▪ 2 EL OLIVENÖL

1 Steinpilze in einem Topf mit Wasser bedeckt, aufkochen und 2 Min. kochen lassen, bis sie fast weich sind. Abgießen – die Flüssigkeit wird für dieses Rezept nicht benötigt, aber Sie sollten sie einfrieren, da sie eine hervorragende Basis für Brühen oder Saucen abgibt.

2 Pilze mit Knoblauch, 3 EL Olivenöl und etwas Salz und Pfeffer in den Mixer geben und zu einem groben Püree verarbeiten.

3 Kürbisse durch den Stiel längs halbieren. Die Kerne mit einem Teelöffel herausschaben. Das Fruchtfleisch mit dem restlichen Öl und etwas Salz einreiben und die Steinpilzmischung auf alle vier Hälften verteilen.

4 Die Kürbishälften mit der Schnittseite nach unten auf ein Blech legen (Vorsicht mit der Füllung) und im vorgeheizten Ofen bei 200 °C (Gas Stufe 6) etwa 40 Min. backen, bis sich ein scharfes Messer leicht hineinstechen lässt und sich das Fruchtfleisch weich anfühlt.

5 Währenddessen das Selleriepüree zubereiten. Sellerie und Kartoffeln in einem Topf mit Wasser bedecken und 15–20 Min. köcheln lassen, bis sie weich sind. Abgießen und die Kochflüssigkeit aufbewahren (auch sie ergibt eine fantastische Brühe). Mit Olivenöl, Salz und Pfeffer mit dem Kartoffelstampfer oder im Mixer zu Püree verarbeiten. Dabei so viel Kochflüssigkeit angießen, dass die Konsistenz weich und cremig wird.

6 Zum Servieren die Kürbishälften vorsichtig vom Blech heben und aufpassen, dass die Füllung nicht zurückbleibt. Jede Hälfte einmal durchschneiden und auf einer Platte anrichten – auf einer großen runden Platte sieht es schön aus, wenn man sie sternförmig arrangiert – und mit einigen Petersilienzweigen garnieren. Das Selleriepüree separat dazu reichen.

Gebackener Brie in Filoteig mit Aprikosensauce

VORBEREITUNG 15 MIN. PLUS RUHEZEIT   GARZEIT 30–40 MIN.   FÜR 6 PERSONEN

550 g FILOTEIG ▪ 50–75 ml OLIVENÖL ▪ 1 GANZER BRIE VON ETWA 20–25 cm Ø, WENN MÖGLICH FEST UND

NOCH NICHT GANZ REIF ▪ ALS BEILAGE KARTOFFELPÜREE UND GRÜNE BOHNEN

SAUCE   500 g APRIKOSENKONFITÜRE ▪ 4 EL ZITRONENSAFT

1 Auf ein Blech, das groß genug für den Brie ist, ein Blatt Filoteig legen und mit Olivenöl bestreichen. Ein weiteres Blatt überlappend darauflegen und ebenfalls mit Öl bestreichen. Mit weiteren Blättern fortfahren. Der Filoteigboden sollte schließlich so groß sein, dass der Brie darauf passt und der Teig an den Seiten nach oben gebracht werden kann. Er sollte eher zu groß als zu klein sein, da überschüssiger Teig abgeschnitten werden kann.

2 Den Brie auf den Filoteig legen und den Teig rundum beschneiden, sodass ein 10 cm breiter Rand um den Brie entsteht. Nun weitere Filoteigblätter auf den Brie schichten – diesmal sollte ein Rand von etwa 5 cm entstehen. Den unteren Filoteig nach oben falten und mit den oberen Schichten zusammenrollen, sodass er nicht aufgeht und ein dekorativer Rand entsteht. Rundum mit Olivenöl bestreichen und in die Mitte eine kleine Öffnung zum Entweichen des Dampfs machen.

3 Mit den abgeschnittenen Filoteigresten lässt sich die Oberseite des Päckchens wunderbar verzieren. An einem kühlen Ort kann das Päckchen einige Stunden aufbewahrt werden.

4 Sobald man ihn servieren möchte, auf ein Blech legen und im vorgeheizten Ofen bei 200 °C (Gas Stufe 6) 30–40 Min. backen, bis der Teig goldbraun und knusprig ist. Aus dem Ofen nehmen und 10–15 Min. ruhen lassen, dann vorsichtig auf eine große Platte gleiten lassen. Das Päckchen sieht fantastisch aus, aber sobald es angeschnitten ist, läuft der Brie aus. Die Platte sollte deshalb groß genug sein oder einen Rand haben.

5 Für die Aprikosensauce die Konfitüre mit Zitronensaft in einem kleinen Topf aufkochen. Zum Servieren in einen Krug füllen. Dazu passen Kartoffelpüree und grüne Bohnen.

Weihnachts-Galette

VORBEREITUNG 30 MIN. PLUS KÜHLZEIT   GARZEIT 30–35 MIN.   FÜR 6 PERSONEN

BODEN   375 g FEINES VOLLKORNMEHL ODER HALB VOLLKORN-, HALB WEISSES MEHL ▪ 175 g BUTTER, IN GROBE STÜCKE GESCHNITTEN ▪ ½ TL SALZ ▪ 3 EL KALTES WASSER ▪ 2 EL OLIVENÖL

FÜLLUNG   375 g KAROTTEN, GESCHABT UND IN SCHEIBEN GESCHNITTEN ▪ 375 g LAUCH, GEPUTZT UND IN 2,5 cm LANGE STÜCKE GESCHNITTEN ▪ 275 g SCHALOTTEN ▪ 375 g KLEINE ROSENKOHLRÖSCHEN, GEPUTZT ▪ 2 COX-ÄPFEL, GESCHÄLT, ENTKERNT UND GEHACKT ▪ 100 g CASHEWKERNE ▪ SALZ UND PFEFFER ▪ GEHACKTE PETERSILIE ZUM GARNIEREN

SAUCE   50 g BUTTER ▪ 2 EL SPEISESTÄRKE ODER PFEILWURZMEHL ▪ 200 ml SOJAMILCH ▪ 175 g STILTON, ZERBRÖSELT

1 Für den Teig Mehl, Butter und Salz in der Küchenmaschine verarbeiten, bis die Mischung wie Brotkrumen aussieht. Oder in eine Schüssel geben und mit den Fingerspitzen zerreiben. Das Wasser hinzufügen und zu einem Teig verarbeiten.

2 Den Teig auf eine leicht bemehlte Oberfläche geben. Kurz kneten und zu einer Scheibe formen. Diese ausrollen, sodass man eine flache, runde Backform mit 30 cm ø und 3,5 cm Tiefe damit auskleiden kann. Die Ränder abschneiden, mit einer Gabel einstechen und 30 Min. kühlen.

3 Im vorgeheizten Ofen bei 200 °C (Gas Stufe 6) 20 Min. backen, bis der Teig durch und leicht gebräunt ist. Kurz bevor man den Boden aus dem Ofen nimmt, das Olivenöl in einem kleinen Topf erhitzen, bis es zu rauchen beginnt. Sobald der Boden aus dem Ofen kommt, das Olivenöl darübergießen – er brutzelt und wird sozusagen gebraten. Dadurch wird er wasserdicht und bleibt knusprig.

4 Für die Füllung einen großen Topf zur Hälfte mit Wasser füllen und aufkochen. Karotten, Lauch und Schalotten hineingeben, wieder aufkochen, abdecken und 5 Min. kochen lassen. Dann den Rosenkohl dazugeben und weitere 6–7 Min. kochen lassen, bis alles weich ist. Abgießen.

5 Für die Sauce Butter in einem Topf schmelzen und Stärke oder Pfeilwurzmehl einrühren. Wenn die Ränder schäumen, die Sojamilch angießen und rühren, bis die Sauce andickt. Vom Herd nehmen und den Stilton einrühren. Mit Salz und Pfeffer abschmecken.

6 Die Sauce mit dem abgegossenen Gemüse und den Äpfeln mischen. Abschmecken und mit den Cashewkernen auf dem Teigboden verteilen. Weitere 10–15 Min. in den Ofen geben, bis die Füllung sehr heiß und die Cashewkerne leicht gebräunt sind. Mit Petersilie bestreuen und sofort servieren.

Diese Galette passt hervorragend zu Weihnachten. Dazu passen im Ofen geröstete Kartoffeln und Preiselbeerkonfitüre.

Artischocken-Oliven-Kuchen
mit gebratenen Pinienkernen und Safransahne

VORBEREITUNG 30 MIN.   GARZEIT 1 ¼ STD.   FÜR 6 PERSONEN

25 g BUTTER PLUS ETWAS MEHR ZUM EINFETTEN ▪ 1 EL OLIVENÖL ▪ 500 g FRÜHKARTOFFELN, IN 2,5 mm DICKE

SCHEIBEN GESCHNITTEN ▪ 150 ml WASSER ▪ 500 g GEKOCHTE ARTISCHOCKENBÖDEN ODER MARINIERTE

-HERZEN, GROB GEHACKT ▪ 150 g GROSSE GRÜNE OLIVEN, ENTSTEINT UND GROB GEHACKT ▪ 4 EL GEHACKTE

PETERSILIE ▪ 50 g WEICHE WEISSBROTKRUMEN ▪ 4 EIER, VERSCHLAGEN ▪ 150 ml SAHNE ▪ SALZ UND PFEFFER

▪ GLATTE PETERSILIE ZUM GARNIEREN

SAFRANSAHNE   300 ml CRÈME DOUBLE ▪ ½ TL SAFRANFÄDEN

BELAG   25 g BUTTER ▪ 1 EL OLIVENÖL ▪ 4 KNOBLAUCHZEHEN, IN SCHEIBEN ▪ 2 EL PINIENKERNE

1 Eine Kastenform für 1 kg Inhalt mit einem Stück Backpapier auslegen und einfetten.

2 Butter und Olivenöl in einem Topf erhitzen, dann Kartoffeln und Wasser hinzufügen. Aufkochen, abdecken und 10–15 Min. köcheln lassen, bis die Kartoffeln weich sind und das Wasser fast vollständig verdampft ist.

3 Kartoffeln und ihre Kochflüssigkeit mit Artischocken, Oliven, Petersilie, Brotkrumen, verschlagenen Eiern, Sahne, Salz und Pfeffer mischen. In die Kastenform geben und im vorgeheizten Ofen bei 180 °C (Gas Stufe 4) 1 Std. backen, bis der Kuchen fest ist und ein hineingestochener Spieß sauber herauskommt.

4 Für die Safransahne Crème double und Safran in einem Topf aufkochen, mit Salz und Pfeffer würzen und zum Ziehen beiseitestellen. Vor dem Servieren wieder erhitzen.

5 Den Kuchen auf eine angewärmte Platte stürzen und warm halten, während man den Belag zubereitet. Butter und Olivenöl in einem Topf erhitzen und Knoblauch und Pinienkerne hineingeben. Bei mittlerer Hitze 1–2 Min. braten, bis beides goldbraun ist. Noch brutzelnd auf den Kuchen gießen und sofort mit Safransahne und Petersilie garniert servieren.

Man kann marinierte Artischockenherzen aus der Dose verwenden, gefrorene Böden, oder – was am besten schmeckt – die Böden von frischen Artischocken kochen, nachdem man Blätter und Härchen entfernt hat.

Marokkanisch gewürzte Aubergine Wellington

VORBEREITUNG 20 MIN.   GARZEIT 1 STD.   FÜR 6 PERSONEN

125 g COUSCOUS ▪ 2 EL OLIVENÖL ▪ 1 ZWIEBEL, GEHACKT ▪ 1 AUBERGINE, IN 1 cm GROSSE WÜRFEL GESCHNITTEN ▪ 1 ROTE PAPRIKA, ENTKERNT UND IN 1 cm GROSSE STÜCKE GESCHNITTEN ▪ 25 g GETROCKNETE APRIKOSEN, GEHACKT ▪ 25 g ROSINEN ▪ 2 KNOBLAUCHZEHEN, ZERDRÜCKT ▪ 1 EL GEMAHLENER ZIMT ▪ 1 EL GEMAHLENER KREUZKÜMMEL ▪ 1 EL GEHACKTE MINZE ▪ 1 EL GEHACKTE PETERSILIE ▪ 100 g GERÖSTETE MANDELBLÄTTCHEN ▪ 125 g ENTSTEINTE SCHWARZE OLIVEN IN SCHEIBEN ▪ 2 GROSSE PLATTEN BLÄTTERTEIG à 350 g ▪ SOJAMILCH ZUM BESTREICHEN ▪ SESAM ZUM BESTREUEN ▪ SALZ UND PFEFFER ▪ MINZE-RAITA (s. S. 125) ZUM SERVIEREN

1 Couscous in eine Schüssel geben, mit kochendem Wasser übergießen und zum Quellen beiseitestellen.

2 Olivenöl in einem großen Topf erhitzen und die Zwiebel darin 5 Min. anbraten. Dann Aubergine und Paprika dazugeben und weitere 10–15 Min. bei schwacher Hitze braten, bis alles weich ist. Aprikosen, Rosinen, Knoblauch, Zimt und Kreuzkümmel hineingeben und 1–2 Min. rühren, bis die Gewürze aromatisch duften.

3 Couscous in einem Sieb gut abtropfen lassen und mit Minze, Petersilie, Mandeln und Oliven in den Topf geben. Mit Salz und Pfeffer abschmecken und abkühlen lassen.

4 Eine Blätterteigplatte auf einem Blech ausbreiten und mit Sojamilch bestreichen.

5 Die Auberginenmischung in die Mitte des Teigs geben. Die zweite Blätterteigscheibe darauflegen und die Ränder fest zusammendrücken. Überschüssigen Teig abschneiden, aber 2,5 cm Rand stehen lassen. Diesen Rand zwischen Daumen und Zeigefinger zusammendrücken. Mit Sojamilch bestreichen und mit Sesam bestreuen.

6 Im vorgeheizten Ofen bei 200 °C (Gas Stufe 6) 40 Min. backen, bis der Blätterteig aufgegangen und goldbraun ist. Auf eine angewärmte Servierplatte gleiten lassen und sofort mit Minze-Raita servieren.

Ricottakuchen mit Honig-Kardamom-Gemüse

VORBEREITUNG 20 MIN. GARZEIT 1 STD. FÜR 6 PERSONEN

1 kg RICOTTA ▪ 300 g PECORINO, GERIEBEN ▪ 8 KNOBLAUCHZEHEN, ZERDRÜCKT ▪ GEMAHLENE MUSKATNUSS ▪ MEHRERE BASILIKUMZWEIGE

GEMÜSE 12 KARDAMOMKAPSELN, LEICHT ZERDRÜCKT ▪ 2 EL HONIG ▪ 2 EL OLIVENÖL ▪ 2 ROTE PAPRIKA, ENTKERNT UND IN STREIFEN GESCHNITTEN ▪ 2 GELBE PAPRIKA, ENTKERNT UND IN STREIFEN GESCHNITTEN ▪ 2 GROSSE ZUCCHINI, IN 5 × 1 CM GROSSE STÄBCHEN GESCHNITTEN ▪ 1 AUBERGINE, IN 5 × 1 CM GROSSE STÄBCHEN GESCHNITTEN ▪ 4 ROTE ZWIEBELN, IN SPALTEN GESCHNITTEN ▪ SALZ UND PFEFFER

1 Zunächst das Gemüse zubereiten. Kardamomkapseln, Honig, Olivenöl und etwas Salz und Pfeffer in einer großen Schüssel mischen und die Paprika, Zucchini, Aubergine und Zwiebeln hineingeben. Alles gut vermischen, damit das Gemüse mit dem Öl überzogen ist, auf zwei Bleche verteilen und im vorgeheizten Ofen bei 190 °C (Gas Stufe 5) 50–60 Min. backen, bis das Gemüse weich und stellenweise gebräunt ist. Etwa zweimal wenden.

2 Ricotta, 250 g Pecorino und Knoblauch mischen. Mit Salz, Pfeffer und Muskatnuss abschmecken.

3 In eine leicht gefettete, antihaftbeschichtete Springform mit 23 cm ø geben. Glatt streichen, mit dem restlichen Pecorino bestreuen und mit dem Gemüse etwa 30 Min. backen, bis der Kuchen in der Mitte fest wird und goldbraun ist.

4 Ricottakuchen aus dem Ofen nehmen und 4–5 Min. stehen lassen. Mit einem Messer von der Form ablösen und auf eine große Servierplatte stürzen. Das Gemüse auf dem Kuchen und rundherum verteilen, mit einigen Basilikumzweigen garnieren und sofort servieren.

Saftiger Kürbiskuchen

VORBEREITUNG 30 MIN. PLUS BACKEN DES KÜRBIS   GARZEIT 40 MIN.   FÜR 6 PERSONEN

300 g FEINES VOLLKORNMEHL ODER HALB VOLLKORN-, HALB NORMALES MEHL ▪ 150 g BUTTER ODER VEGANE MARGARINE, IN GROBE STÜCKE GESCHNITTEN ▪ ½ TL SALZ ▪ 2–3 EL KALTES WASSER ▪ 2–3 EL SOJAMILCH ▪ ZUCKER ZUM BESTREUEN ▪ GEMAHLENER ZIMT ZUM BESTÄUBEN

FÜLLUNG   500 g GUT ABGETROPFTER GEKOCHTER KÜRBIS (SELBST GEKOCHT ODER AUS DER DOSE) ▪ 275 g FESTER TOFU, ABGETROPFT, TROCKEN GETUPFT UND IN STÜCKE ZERBROCHEN ▪ 125 g WEICHER BRAUNER ZUCKER ▪ 1 EL DUNKLER RÜBENSIRUP ▪ 1 TL GEMAHLENER ZIMT ▪ ½ TL GEMAHLENER INGWER ▪ ½ TL GEMAHLENE MUSKATNUSS

1 Wenn man frischen Kürbis benutzt, sind möglichst kleine Kürbisse (z. B. Butternuss) am besten. Halbieren, entkernen und mit der Schnittseite nach unten auf ein Blech legen. Im vorgeheizten Ofen bei 200 °C (Gas Stufe 6) weich backen. Je nach Kürbisgröße dauert das 40–60 Min.

2 In der Zwischenzeit den Teig zubereiten. Mehl, Butter und Salz in der Küchenmaschine verarbeiten, bis alles wie Brotkrumen aussieht. Alternativ in eine Schüssel geben und zwischen den Fingerspitzen zerreiben. Wasser dazugeben und zu einem Teig kneten.

3 Auf eine leicht bemehlte Arbeitsfläche geben, kurz kneten und zu einem Kreis formen. Ausrollen und eine Quicheform von 23 cm ø damit auskleiden. Überschüssigen Teig abschneiden und die Reste aufbewahren.

4 Für die Füllung den Kürbis schälen und hacken. Mit Tofu, braunem Zucker, Rübensirup und Gewürzen in den Mixer geben und zu einem dicken, glatten Püree verarbeiten. In die Form geben und die Oberfläche glatt streichen.

5 Die Teigreste dünn ausrollen, mit Sojamilch bestreichen und Zimt und Zucker darüberstreuen. In Streifen schneiden und ein Gitter auf den Kuchen legen. Dies sieht nicht nur schön aus, sondern wird knusprig und kontrastiert damit gut mit der weichen Füllung. Außerdem hilft es, den Kuchen zusammenzuhalten.

6 Im vorgeheizten Ofen bei 180 °C (Gas Stufe 4) 40 Min. backen, bis das Teiggitter darauf knusprig ist. Heiß, lauwarm oder kalt mit veganer Eiscreme oder Sahne servieren oder für Vegetarier Sahne oder Joghurt dazu reichen.

Himbeer-Rosen-Pavlova

VORBEREITUNG 20 MIN. GARZEIT 1 ¼ STD. FÜR 6 PERSONEN

4 EIWEISS ▪ 250 g ZUCKER ▪ 2 TL SPEISESTÄRKE ▪ 1 TL ROT- ODER WEISSWEINESSIG ▪ 1 TL VANILLEEXTRAKT

▪ 300 ml CRÈME DOUBLE ▪ 2 TL DREIFACH DESTILLIERTES ROSENWASSER ▪ 375 g HIMBEEREN

▪ EINIGE ROTE ODER ROSAFARBENE ROSENBLÜTENBLÄTTER UND PUDERZUCKER ZUM DEKORIEREN

1 Ein großes Blech mit Backpapier auslegen.

2 Gehen Sie sicher, dass Schüssel und Schneebesen oder Handrührgerät einwandfrei sauber und fettfrei sind, dann geben Sie das Eiweiß in die Schüssel und schlagen es zu steifem Schnee.

3 Zucker und Stärke mischen und in 2 oder 3 Portionen zum Eiweiß geben. Dabei die ganze Zeit weiterrühren, bis eine wunderschön glänzende, weiße Baisermasse entstanden ist. Zum Schluss Essig und Vanilleextrakt unterrühren.

4 Die Mischung auf das Backpapier geben und zu einem Kreis von 20–23 cm ø verstreichen. Die Temperatur des vorgeheizten Ofens von 180 °C (Gas Stufe 4) auf 150 °C (Gas Stufe 2) reduzieren und die Pavlova darin 1 ¼ Std. backen, bis sie knusprig ist. Wenn möglich, im Ofen abkühlen lassen.

5 Die Crème double aufschlagen und das Rosenwasser untermischen. Auf die Pavlova häufen, die Himbeeren darauf verteilen und mit Rosenblättern bestreuen. Sobald wie möglich servieren, man kann die Pavlova aber auch nach 24 Std. noch gut essen.

Diese Pavlova sieht sensationell aus und ist einfach herzustellen. Man kann sie sogar vorbereiten und in einem festen Behälter einfrieren. Vor dem Servieren dann 1–2 Std. auf der Servierplatte auftauen lassen, bevor man sie dekoriert.

Hinweise zu den Zutaten

Curryblätter Erhältlich in größeren Supermärkten und indischen Lebensmittelgeschäften.

Daikon-Rettich Ein großer, spitz zulaufender Rettich, der eine leichte Schärfe aufweist und in asiatischen Lebensmittelläden erhältlich ist. Alternativ kann normaler Rettich verwendet werden.

Eier Benutzen Sie möglichst Eier aus Biohaltung.

Epazote Kraut mit scharfem, aromatischen Geschmack, das in mexikanischen Bohnengerichten verwendet wird und die blähende Wirkung mildern soll. Getrocknete Epazote ist in mexikanischen Lebensmittelgeschäften erhältlich. Bohnenkraut soll den gleichen Effekt haben. Für den Geschmack können auch andere Kräuter eingesetzt werden.

Hoisinsauce Eine dicke, braune, süßlich-würzige Sauce, die in Supermärkten und chinesischen Lebensmittelläden zu kaufen ist.

Ketjap Manis Indonesische Sojasauce, süßer und weniger salzig als andere Sorten. Alternativ kann normale Sojasauce mit Honig gesüßt werden.

Kichererbsenmehl Getrocknete, gemahlene Kichererbsen. In großen Supermärkten, indischen und nahöstlichen Lebensmittelgeschäften erhältlich.

Kombu Getrocknete Seealgen, die für japanische Brühe verwendet werden. In Asia- und Bioläden erhältlich.

Kudzu (japanische Stärke) In japanischen Lebensmittelgeschäften und Bioläden erhältlich. Pfeilwurzmehl oder Stärke können alternativ verwendet werden.

Mirin Süßer, gelber japanischer Likörwein, der nur zum Kochen verwendet wird. In asiatischen Geschäften und einigen großen Supermärkten erhältlich.

Miso Fermentierte Sojapaste. Je heller das Miso, desto milder und süßer schmeckt es meist. In Bio- und Asialäden erhältlich. Kaufen Sie unpasteurisiertes Miso und erhitzen Sie es nicht zu stark, da sonst die gesundheitsfördernden Enzyme zerstört werden.

Nori Algen, die als flache Scheiben verkauft und für Sushi verwendet werden. Kaufen Sie vorgegarte Nori-Algen in asiatischen Geschäften und Bioläden.

Palmzucker Brauner, unraffinierter Zucker, der in ganz Asien verwendet wird. Er ist in großen Supermärkten erhältlich und wird oft am Stück verkauft. Alternativ kann man dunklen Muscovadozucker verwenden.

Reisessig Heller, leichter Essig aus Reiswein. In großen Supermärkten und asiatischen Lebensmittelgeschäften erhältlich. Weinessig (rot oder weiß) kann stattdessen verwendet werden, die Menge sollte dann aber etwas reduziert werden.

Sake Ein blassgoldener Wein aus Reis mit 15–17 % Alkohol. In asiatischen Lebensmittelgeschäften erhältlich. Alternativ können Weißwein oder trockener Sherry verwendet werden.

Shiitake-Pilze Chinesische Pilze, die in vielen Supermärkten und asiatischen Geschäften frisch erhältlich sind.

Sojasauce Benutzen Sie gute Qualität, die keinen Karamellfarbstoff, Aromastoffe oder Glutamate enthält. Tamari und Shoyu sind sehr gute japanische Sorten.

Sojamehl Mehl, das aus Sojabohnen gewonnen wird. In Supermärkten und Bioläden erhältlich.

Tamarinde Längliche braune Samenkapsel mit säuerlichem Fruchtfleisch, die in ganz Asien zum Würzen verwendet wird. Tamarindenpaste im Glas kann man in indischen Lebensmittelläden und größeren Supermärkten kaufen. Alternativ kann Zitronensaft verwendet werden.

Tempeh Natürlich fermentiertes Sojaprodukt, das Tofu ähnelt, aber nicht aus Sojamilch, sondern aus Sojabohnen hergestellt wird. Helles Tempeh schmeckt mild und ist für den Anfang am besten. In Bioläden erhältlich.

Teriyakisauce Eine süße Sauce, die zu gleichen Teilen aus Sojasauce und Mirin (oder Sojasauce, Sake und Zucker) hergestellt wird. In Supermärkten oder asiatischen Läden erhältlich, man kann sie aber auch selbst herstellen.

Thai-Currypaste Die meisten enthalten Shrimp- oder Fischpaste, in einigen Supermärkten ist aber auch vegetarische rote Currypaste erhältlich.

Tofu Es gibt verschiedene Tofuarten, z. B. frischen weißen oder bereits frittierten Tofu. Probieren Sie aus, was Ihnen am besten schmeckt. Asiatischer (besonders japanischer) Tofu ist zart im Geschmack, hat eine etwas „wabbelige" Konsistenz und schmeckt besonders lecker.

Wasabi Ein giftgrünes japanisches Meerrettichgewürz mit scharfem Senfgeschmack. Als Pulver oder Paste in großen Supermärkten oder Asialäden erhältlich. Alternativ kann scharfer englischer Senf verwendet werden.

Zitronengras Lange, schmaler werdende, grasähnliche Stängel mit Zitrusgeschmack. Zerdrücken, mitkochen und vor dem Servieren entfernen oder die harte äußere Haut entfernen und das weiche Innere in Scheiben schneiden.

Alkoholische Getränke

Einige Weine und andere alkoholische Getränke werden mit tierischen Produkten wie Gelatine hergestellt. Mehr und mehr sind heute jedoch vegetarisch oder vegan. Lesen Sie die Zutatenliste oder fragen Sie beim Hersteller nach um sicherzugehen.

Rezepte vegan zubereiten

Mehr als ein Drittel der Rezepte dieses Buchs sind vegan und mit einem V gekennzeichnet. Viele andere können vegan zubereitet werden, indem man wenige Zutaten austauscht. Hier einige Beispiele:

Kleine Zitronenkäsekuchen mit Heidelbeeren (s. S. 31)
Benutzen Sie Margarine für den Boden. Crème double und Zitronensaft weglassen und durch veganen Frischkäse ersetzen.

Vegetarischer Shepherd's Pie mit Linsen und geräuchertem Käse (s. S. 42)
Kartoffeln mit Olivenöl stampfen. Statt dem geräucherten Käse geriebenen, geräucherten Tofu verwenden.

Kedgeree mit Wachteleiern und Estragonbutter (s. S. 44)
Eier weglassen und Butter durch vegane Margarine ersetzen.

Nussbraten mit Tamari-Aroma und Tomatensauce (s. S. 49)
Das Ei durch 1 EL Sojamehl und 2 EL Wasser ersetzen.

Rucola-Avocado-Salat mit Pinienkernen (s. S. 74)
Den Pecorino weglassen.

Chili-Kulfi (s. S. 132)
Statt normaler Sahne Sojasahne verwenden. Bei gesüßter Sojasahne muss die Zuckermenge reduziert werden.

Gegrillte Polenta mit gerösteten Tomaten (s. S. 153)
Lassen Sie den Käse weg oder ersetzen Sie ihn durch viel gehackte Petersilie.

Rote Linsensuppe mit gerösteter Paprika (s. S. 170)
Den gehobelten Parmesan weglassen.

Vorschläge für vegane Alternativen

Vegetarisch	Vegan
Butter	vegane Margarine
Milch	Sojamilch
Sahne	Sojasahne
Joghurt	Sojajoghurt
Frischkäse	veganer Frischkäse
Ziegenkäse	veganer Frischkäse
Feta	veganer Feta
Parmesan (gerieben)	veganer Parmesan
Paneer	fester Tofu oder fester veganer Käse
Mayonnaise	vegane Mayonnaise
Sauce Hollandaise	vegane Mayonnaise
Honig	Ahornsirup

Register

Danksagung

An der Produktion dieses Buches waren viele Menschen
beteiligt, und ich möchte allen von Herzen danken. Besonderer
Dank geht an Sarah Ford, Projektleiterin, deren Idee dieses
Buch entstammt, die das Projekt betreut hat und viele leckere
Ideen beisteuerte; Alison Goff, Verlegerin, Sue Bobbermein,
PR-Beraterin, und Clare Churly, Lektorin, die ebenfalls von
Anfang an dabei waren; Tracy Killick, Creative Director, der
genau das Aussehen schuf, das ich mir vorstellte (und weil er
mich zum Lachen brachte); an alle, die an den Fotos beteiligt
waren: Gus Filgate – ein riesiges Dankeschön, Du warst genial!
– an David Morgan dafür, dass er die Gerichte von ihrer besten
Seite gezeigt hat und einige tolle Ideen beisteuerte. Danke auch
an Jo MacGregor, Grafikerin, für ihr unbestechliches Auge und
an Rachel Lawrence, Lektorin, mit der es eine Freude war zu
Arbeiten; Stephen McIlmoyle weil er mich auf den Fotos gut
aussehen ließ und Liz Hippisley für die wunderschönen
Requisiten. Danke an Barbara Dixon für gründliches
Redigieren (es hat Spaß gemacht, wieder mit dir zu arbeiten,
Barbara); meine Tochter Claire für das Probieren der Gerichte
(ein besonderes Dankeschön), meine Agentin Barbara Levy;
meinen Ehemann Robert für das Spülen von Unmengen von
Geschirr und vieles andere. Ich danke euch allen.

Projektleitung Sarah Ford
Lektorat Rachel Lawrence
Gestaltung Joanna MacGregor
Grafik Grade Design Consultants, London
Bildrecherche Jennifer Veall
Produktionsleitung Martin Croshaw

Fotografie Gus Filgate
Food Stylist David Morgan
Requisiten Stylistin Liz Hippisley

Danke auch an David Mellor, Küchenzubehör, für das
Ausleihen von Geschirr, Besteck und Gläsern.
www.davidmellordesign.co.uk 020 7730 4259